새 연세한국어 듣기와 읽기 2-2

연세대학교 한국어학당 편

연세대학교 출판문화원

머리말

연세대학교 한국어학당은 1959년에 설립된 한국 최초의 외국어로서의 한국어 교육 기관이다. 연세대학교 한국어학당은 그간의 역사와 명성에 걸맞게 다양한 한국어 교재 편찬 및 관련 연구를 해옴으로써 한국어 교육을 선도해 왔다. 지금까지 전 세계에서 온 약 150여 개국의 17만여 명에 이르는 한국어 학습자에게 한국어와 한국 문화를 가르쳐 왔으며, 최근에는 빠른 속도로 변화해 가는 교육 환경에 맞추어 오프라인 한국어 교육뿐만 아니라 온라인 한국어 교육 콘텐츠 개발에도 노력을 기울이고 있다. 이미 세계 각국의 한국어 학습자를 대상으로 글로벌 온라인 대중 공개 강좌(MOOC)를 개설하여 학습자들로부터 큰 호응을 얻었고 연세대학교 온라인 교육 혁신 플랫폼인 런어스(LearnUs)에도 최신 기술을 활용한 한국어 콘텐츠를 올려서 학습자들을 만나는 중이다.

연세대학교 한국어학당은 그간 일반 목적 한국어 학습자들뿐만 아니라 특수 목적 한국어 학습자들을 대상으로 정규과정, 단기과정, 대학 한국어 과정 등 다양한 교육과정을 개설 운영하면서 학습자의 요구에 부응하는 최상의 교재를 개발해 왔다. 이러한 교재들은 국내외의 한국어 교육 기관에서 교사와 학습자들의 다양한 요구를 충족시키며 양질의 한국어 교수·학습을 위해 널리 사용되고 있다.

연세대학교 한국어학당은 그간 가장 큰 호응을 받아 왔던 '연세한국어' 1급~6급의 뒤를 이을 새로운 교재로 '새 연세한국어' 시리즈를 기획 출간하게 되었다. 이 교재의 개발을 위해 한국어 교육 현장 경험이 풍부한 전문 한국어 교육학자 및 교사들이 대거 투입되었고 최상의 한국어 교수법 및 학습자 집단의 요구에 대한 이해를 바탕으로 개발 작업이 장기간에 걸쳐 수행되었다.

이번에 출간된 '새 연세한국어' 시리즈는 총 6단계로 각 단계마다 어휘와 문법 교재, 말하기와 쓰기 교재, 듣기와 읽기 교재로 구성되어 있다. '새 연세한국어 어휘와 문법'은 한국어 학습자들이 각 숙달도별로 가장 필수적으로 익혀야 하는 주요 어휘와 문법에 대한 이해와 활용을 중심으로 구성되었다. '새 연세한국어 말하기와 쓰기'는 원활한 한국어 의사소통을 위해 꼭 필요한 표현 기능을 수행할 수 있도록 말하기, 쓰기 과제를 중심으로 구성되었다. 또한 '새 연세한국어 듣기와 읽기'는 듣기, 읽기 과제를 중심으로 각 급별 숙달도에 적절한 이해 능력을 함양시킬 수 있도록 구성되었다. 이 세 권의 교재는 어휘·문법, 표현, 이해 능력의 고른 발달을 위해 패키지로 함께 사용될 수도 있고, 교육 현장 여건이나 학습자의 요구에 따라 별도로 사용될 수도 있다. 또한 어휘와 문법 교재의 경우 별도의 지침서가 무료로 제공되므로 교육 경험이 다소 부족한 국내외의 한국어 교사들에게 유용한 길잡이가 될 수 있을 것이다.

연세대학교 한국어학당은 앞으로도 전 세계의 한국어 학습자들의 요구와 기대에 부응하는 교재 개발을 위해 최선을 다할 것이다. 아울러 본 교재가 국내외에서 한국어 교육을 위해 노력을 아끼지 않는 많은 교사와 한국어 학습을 위해 노력하는 모든 학습자들에게 크게 도움이 되기를 바란다.

연세대학교 언어연구교육원
한국어학당 교재편찬위원회

일러두기

01 이 책은 <새 연세한국어 어휘와 문법2>, <새 연세한국어 말하기와 쓰기2>와 함께 한국어 초급 학습자들을 위한 교재이다.

02 이 책은 한국어 초급 학습자들이 한국어로 된 글과 말을 읽거나 듣고 이해할 수 있는 능력을 키우기 위해 구성된 이해 능력 개발 교재이다.

03 이 책은 총 20과이며 각 과는 2개 항으로 구성되어 총 40개 항이 있다. 그리고 2개 과마다 복습을 할 수 있도록 복습 10개 항을 구성하였다. 각 항은 각각 50분 수업 분량으로 이 책은 총 50개 항으로 구성되어 있다. 복습 항마다 한국 문화에 대한 소개가 있다.

04 이 책의 각 항은 '제목, 학습 목표, 준비해 봅시다, 들어 봅시다, 읽어 봅시다, 따라해 봅시다. 정리해 봅시다'의 5단계로 구성되었다.

05 각 과의 제목은 <새 연세한국어 어휘와 문법 2>와 동일하나 각 항의 제목은 해당 항의 내용을 대표할 수 있는 개념으로 항의 제목을 설정하였다. 또한 제목 옆에 QR코드를 넣어 녹음된 내용을 쉽게 확인할 수 있도록 하였다.

06 학습 목표는 '-을 이해할 수 있다', 또는 ' ~ 관련 내용을 이해할 수 있다'와 같이 이해 기능이 드러나도록 기술하였다.

07 '준비해 봅시다'는 각 항의 들어가기에 해당되며 해당 단원의 읽기와 듣기 내용의 이해를 돕기 위한 준비 단계이다. 단원 학습 내용과 관련된 필수적인 어휘 학습으로 구성된다. 그러나 단순 어휘 학습이 아니라 이해 교재의 특성이 잘 반영될 수 있도록 문장이나 맥락 안에서 사용된 어휘를 접하도록 하여 학습자들의 이해를 돕고자 하였다.

08 '들어 봅시다'는 구어를 통해 실생활에서 활용 가능한 의사소통 능력을 배양할 수 있도록 하였다. 듣기 지문의 경우 문장 단위에서 시작하여 대화, 그리고 담화로 듣기 단위를 순차적으로 확대하여 제시하였으며 짧은 것에서 긴 것으로, 쉬운 것에서 어려운 것으로 단계를 구분하여 제시하였다.

09 '읽어 봅시다'는 초급 단계의 학습 목표에 따라 일상생활에서의 문어 의사소통 능력을 향상시키는 데 초점을 두어 일상생활과 관련된 내용을 담고 있는 다양한 유형의 글(메모, 일기, 이메일, 광고, 초대장, 블로그나 인터넷 게시판의 글 등)을 읽고 내용을 파악하도록 하였다.

10 '따라해 봅시다'는 발음 연습을 위한 부분으로 교재의 읽기 지문이나 듣기 지문에 제시된 어휘 중에 음운 변화가 포함되거나 학습자의 오류율이 높은 발음을 단원별로 선정하여 동일한 규칙을 포함한 어휘를 제시하였고 이 어휘가 포함된 문장도 함께 제시하였다.

11 '정리해 봅시다'는 학습한 내용을 학습자 스스로 확인 및 점검을 하면서 다른 언어 능력과의 통합 교육을 통해 언어 능력을 강화하고자 설정한 부분이다. 이 부분에서는 듣기와 읽기로 학습한 내용을 말하기 또는 쓰기 활동과 통합할 수 있도록 구성하였다.

12 '복습'에서는 선행 학습된 2개 과의 어휘와 문법, 내용을 활용할 수 있도록 읽기와 듣기의 두 부분으로 구성되었다. 각 항에서 배운 내용을 감안하여 듣기나 읽기 중 한 기능에 초점을 두고 다른 한 기능을 연계시켜 통합적인 학습이 가능하도록 유도하였다.

13 '문화'는 복습 항 마지막 부분에 문화 텍스트가 삽화 자료와 함께 제시된다. 문화 항목 중 이해 교재의 특성에 부합하는 내용을 선정하여 정보 문화 중심으로 구성하였다.

14 '부록'에는 정답과 어휘 색인 목록을 제시하였으며, 별책에 읽기 번역과 듣기 지문 및 번역을 함께 실었다.

단원 구성

과	제목	학습 목표	문법	문화(복습항)
11과 교통	1. 대중교통	대중교통을 이용하는 방법을 설명하는 내용을 이해할 수 있다.	-다가, 으로[3]	도서관 이용
	2. 길 안내	택시에서 길을 설명하거나 운전을 해서 길을 찾는 내용을 이해할 수 있다.	-으려면[1], 으로 해서	
12과 학교생활	1. 수업과 시험	수업과 시험을 설명하는 내용을 이해할 수 있다.	-어야 -으면 되다	
	2. 학교 프로그램	사무실에서 학교생활에 대해 문의하는 내용을 이해할 수 있다.	-는데요, -거나	
13과 공공 기관	1. 은행	은행 이용 관련 내용을 이해할 수 있다.	부터, -는 동안	공과금 자동 납부기
	2. 우체국	우체국 이용 관련 내용을 이해할 수 있다.	-을 건가요?, 이나[2]	
14과 전화	1. 휴대 전화	휴대 전화의 다양한 기능을 설명하는 내용을 이해할 수 있다.	-는다고 하다, -냐고 하다	
	2. 메시지	메시지나 메모의 내용을 이해할 수 있다.	-자고 하다, -으라고 하다	
15과 예약과 주문	1. 식당 예약	다양한 방법으로 식당을 예약하는 내용을 이해할 수 있다.	-어 달라고/(주라고) 하다, 이라서	편의점에서 살 수 있는 약
	2. 배달 주문	음식을 배달 시키고 확인하는 내용을 이해할 수 있다.	만, -었던	

<table>
<tr><th>과</th><th>제목</th><th>학습 목표</th><th>문법</th><th>문화(복습항)</th></tr>
<tr><td rowspan="2">16과 건강</td><td>1. 병원</td><td>친구나 의사 선생님에게 아픈 증세를 설명하는 내용을 이해할 수 있다.</td><td>-는 데다가,
ㅅ동사</td><td rowspan="2">편의점에서 살 수 있는 약</td></tr>
<tr><td>2. 약국</td><td>약의 종류와 효과를 설명하는 내용을 이해할 수 있다.</td><td>이라도,
-지 않으면 안 되다</td></tr>
<tr><td rowspan="2">17과 취미</td><td>1. 취미 소개</td><td>다양한 취미를 소개하는 내용을 이해할 수 있다.</td><td>만큼,
-어도</td><td rowspan="4">한국의 흥행 영화</td></tr>
<tr><td>2. 취미 활동</td><td>취미 활동을 설명하는 내용을 이해할 수 있다.</td><td>-을 줄 알다(모르다),
-던</td></tr>
<tr><td rowspan="2">18과 계획</td><td>1. 방학 계획</td><td>방학과 여행 계획을 세우는 내용을 이해할 수 있다.</td><td>-던데요,
이든지</td></tr>
<tr><td>2. 졸업 후의 계획</td><td>졸업 후의 계획이나 미래의 결혼 계획에 대한 내용을 이해할 수 있다.</td><td>밖에,
-을 줄 알았다</td></tr>
<tr><td rowspan="2">19과 여행</td><td>1. 호텔 예약</td><td>숙박 시설을 예약하고 묘사하는 내용을 이해할 수 있다.</td><td>이나[3],
-은 뒤에</td><td rowspan="4">생활 지수</td></tr>
<tr><td>2. 여행 가고 싶은 곳</td><td>여행지에 대한 정보를 나누고 여행할 만할 곳을 추천하는 내용을 이해할 수 있다.</td><td>-기로 하다,
-자마자</td></tr>
<tr><td rowspan="2">20과 날씨와 생활</td><td>1. 일기 예보</td><td>일기 예보와 여러 날씨에 대한 내용을 이해할 수 있다.</td><td>-는다고 하니까,
-지 말고</td></tr>
<tr><td>2. 생활 속의 날씨</td><td>날씨와 날씨에 따른 유의 사항을 전하는 내용을 이해할 수 있다.</td><td>접속사,
-을 테니까</td></tr>
</table>

차례

등장인물 | Main characters

에릭 파커
- 미국
- 한국어학당 학생
- 한국 전자 직원

존 카마우
- 케냐
- 한국어학당 학생
- 교환 학생

사토 유키
- 일본
- 한국어학당 학생
- 기자

리타오
- 중국
- 한국어학당 학생
- 대학 입학 예정자

노라 한슨
- 노르웨이
- 한국어학당 학생
- 대학원 입학 예정자

최주앙
- 브라질
- 한국어학당 학생
- 대학 휴학생

응웬 흐엉
- 베트남
- 한국어학당 학생

레오 마르탱
- 프랑스
- 한국어학당 학생
- 요리사

올리비아 스미스
- 호주
- 한국어학당 학생
- 외교관

이윤아
- 한국
- 대학생

정하늘
- 한국
- 대학생

김우진
- 한국
- 한국 전자 직원

새 연세한국어

듣기와 읽기 2-2

11과

교통

1. 대중교통

MP3 / 26

• 학습 목표: 대중교통을 이용하는 방법을 설명하는 내용을 이해할 수 있다.

Ⅰ. 준비해 봅시다

문장을 읽고 그림에서 알맞은 사람을 찾아 번호를 쓰십시오.

1) 하차하고 있습니다. (   )
2) 벨을 누르려고 합니다. (   )
3) 버스 노선도를 보고 있습니다. (   )
4) 단말기에 교통 카드를 대고 있습니다. (   )

Ⅱ. 들어 봅시다

1 문장을 듣고 맞는 그림에 ✔하십시오.

1)
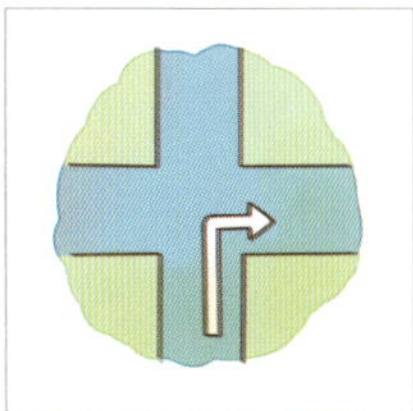
① (   )
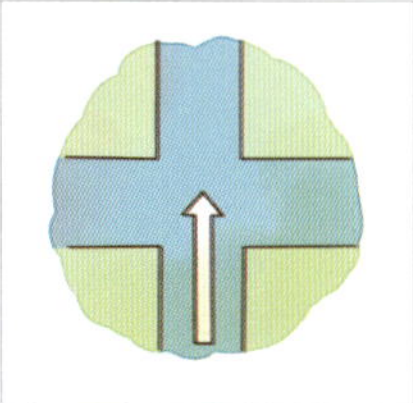
② (   )

2)

① (   )

② (   )

3)

① (   )

② (   )

4)

① (   )

② (   )

하차 벨 누르다 노선도 단말기 교통 카드 대다

2 대화를 듣고 맞는 그림에 ✔ 하십시오.

1)

① (　　)　② (　　)

2)

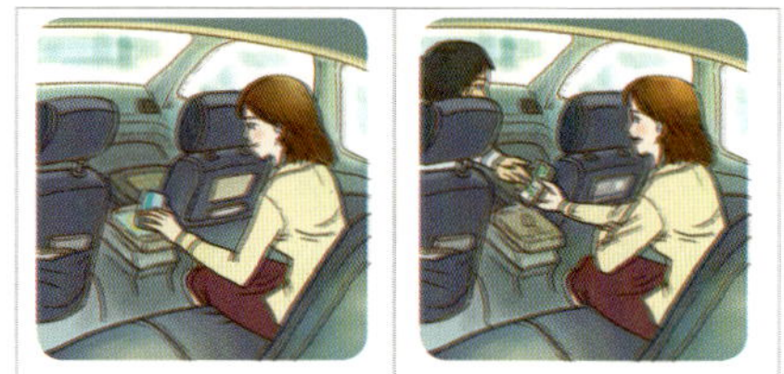

① (　　)　② (　　)

3)

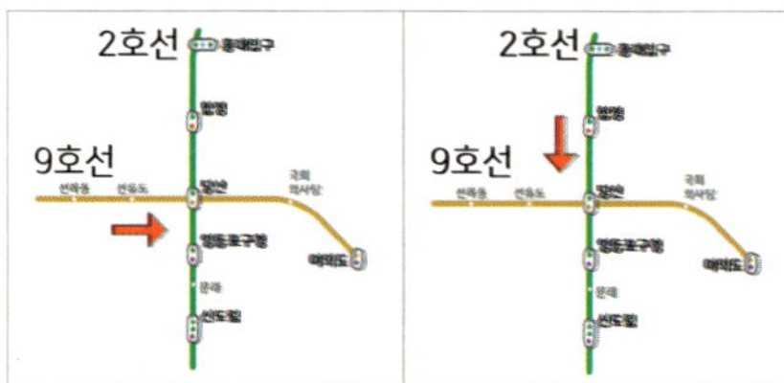

① (　　)　② (　　)

4)

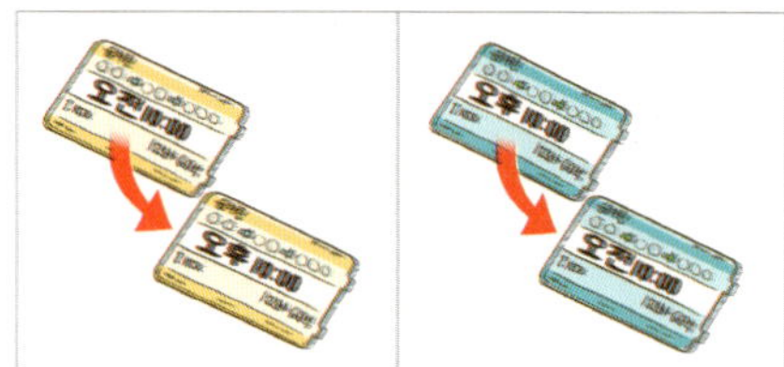

① (　　)　② (　　)

[3-4] 안내 방송을 듣고 질문에 답하십시오.

3 이 방송은 어디에서 들을 수 있습니까? (　　)

① 버스 안　② 버스 정류장　② 지하철역 승강장　④ 지하철 열차 안

4 맞으면 O, 틀리면 X 하십시오.

1) 이번 역에서 5호선으로 갈아탈 수 있다. (　　)

2) 이번 역은 열차와 승강장 사이가 넓어서 조심해야 한다. (　　)

[5-7] 대화를 듣고 질문에 답하십시오.

5 학교에서 압구정까지 가는 방법을 쓰십시오. (　　)

1) 학교에서 ________ 에 가서 지하철 ________ 으로 갈아탄다.

2) 병원 앞 버스 정류장에서 ________ 번 버스를 탄다.

특실　당산역　을지로 3가역　전동차　승강장　열차　압구정역　팬 사인회

6 맞으면 O, 틀리면 X 하십시오.

1) 존과 윤아는 내일 압구정까지 같이 갈 것이다. ( )

2) 존은 내일 좋아하는 배우를 보려고 압구정에 간다. ( )

7 존은 왜 버스를 타지 않고 지하철을 탑니까?

III. 읽어 봅시다

다음 주에 있을 한국 문화 수업 장소 안내입니다. 오전에는 서울 역사 박물관에서 수업을 하고 오후에는 경복궁에 가겠습니다. 박물관은 학교에서 가깝기 때문에 찾아가기 어렵지 않을 겁니다. 가는 방법을 잘 읽고 다음 주 금요일 오전 10시까지 늦지 않게 도착하십시오. 교통 카드를 준비하는 것도 잊지 마시고요!

서울 역사 박물관

신촌역 출발 신촌역에서 지하철 2호선을 타고 가다가 충정로역에서 5호선으로 갈아탑니다. 광화문역 7번 출구로 나와서 500m 정도 걸어갑니다.

학교 출발 학교 앞 버스 정류장에서 470번, 710번 버스를 타고 서울 역사 박물관 앞 정류장에서 하차합니다.

- 박물관에서 경복궁까지 걸어서 15분쯤 걸립니다. 경복궁 쪽으로 걸어가다가 왼쪽에 있는 한국 식당에 들어가서 점심 식사를 하십시오. 메뉴는 불고기나 비빔밥으로 할 수 있습니다. 2시에 경복궁 매표소 앞에서 만납시다.
- 오전 박물관 수업을 신청하지 않은 학생들은 학교에서 경복궁으로 직접 오십시오. 학교 앞 버스 정류장에서 272번, 601번, 606번 버스를 타고 경복궁에서 하차합니다.

안내 박물관 서울 역사 박물관 경복궁 충정로역 매표소 신청하다

1 무엇을 안내하는 글입니까?

2 이 글을 읽고 알 수 없는 것은 무엇입니까? (   )

❶ 박물관에서 만나는 시간
❷ 경복궁에서 만나는 장소
❸ 박물관에서 학교에 가는 방법
❹ 신촌역에서 박물관에 가는 방법

3 맞는 것을 고르십시오. (   )

❶ 학생들은 모두 오전에 박물관에 있을 것이다.
❷ 학교에서 경복궁까지 470번 버스를 타야 한다.
❸ 박물관에서 경복궁까지 버스로 15분쯤 걸린다.
❹ 신촌역에서 박물관까지 가려면 지하철을 갈아타야 한다.

Ⅳ. 따라해 봅시다

<콧소리 2> 콧소리 2 /ㄴ/, /ㅁ/ 앞의 /ㄱ/ → [ㅇ]

박물관 [방물관] 한국말 [한궁말] 작년 [장년]

- **박물관**에서 문화 수업을 하겠습니다.
- **한국말** 수업을 들으러 가요.
- **작년**에 한국에 왔을 때 기차로 여행했습니다.

Ⅴ. 정리해 봅시다

1. 여러분 집에서 인천 공항까지 어떻게 갑니까? 설명해 보십시오.
2. 여러분 고향과 한국의 대중교통은 어떻게 다릅니까? 이야기해 보십시오.

11과 교통

2. 길 안내

MP3 / 27

• 학습 목표: 택시에서 길을 설명하거나 운전을 해서 길을 찾는 내용을 이해할 수 있다.

Ⅰ. 준비해 봅시다

문장과 관계있는 단어를 연결하십시오.

1) 똑바로 가면 학교가 있어요.	• •	❶ 우회전
2) 조금 가다가 오른쪽으로 가세요.	• •	❷ 유턴
3) 반대쪽 차선으로 가려고 차를 돌렸어요.	• •	❸ 주차
4) 차를 세우고 건물 안으로 들어갔어요.	• •	❹ 직진

Ⅱ. 들어 봅시다

1 문장을 듣고 맞는 그림에 ✔하십시오.

1)

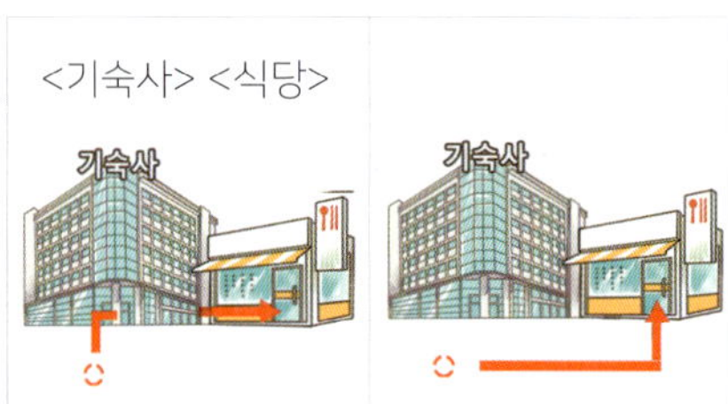

❶ (　　)　❷ (　　)

2)

❶ (　　)　❷ (　　)

3)

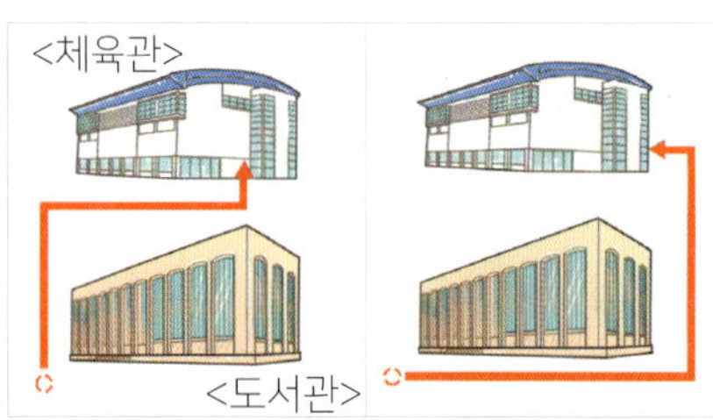

❶ (　　)　❷ (　　)

4)

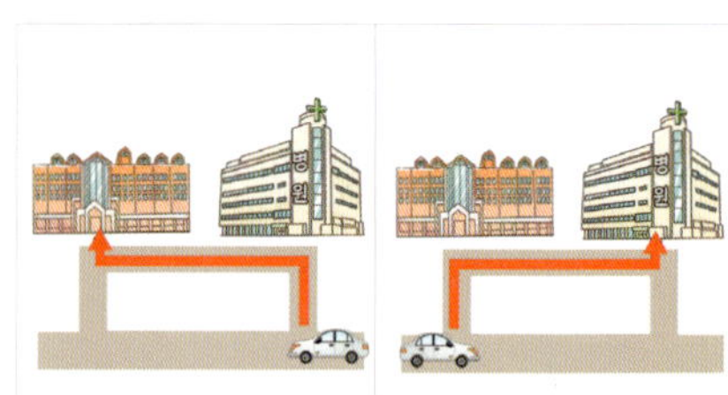

❶ (　　)　❷ (　　)

우회전　유턴　주차　직진　반대　돌리다　세우다　체육관

2 대화를 듣고 맞는 그림에 ✔하십시오.

1) 

❶ (　　) ❷ (　　)

2) 

❶ (　　) ❷ (　　)

3) 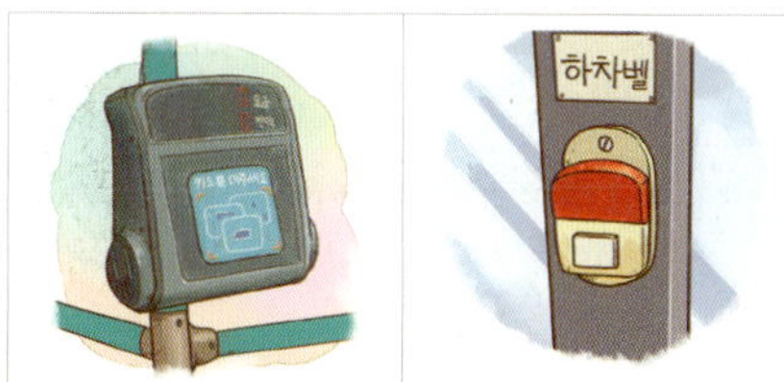

❶ (　　) ❷ (　　)

4) 

❶ (　　) ❷ (　　)

[3-4] 대화를 듣고 질문에 답하십시오.

3 여자가 내릴 곳은 어디입니까? (　　)

4 맞으면 O, 틀리면 X 하십시오.

1) 지금은 출근 시간이기 때문에 차가 밀린다. (　　)

2) 이곳은 낮에는 길이 복잡하지 않다. (　　)

[5-7] 대화를 듣고 질문에 답하십시오.

5 내비게이션이 안내한 길은 무엇입니까? 보기 에서 골라 쓰십시오.

(　　　　　　　　) → (　　　　　　　　)

보기

직진　우회전　좌회전　유턴

밀리다　퇴근　제시간　그냥　좌회전　내비게이션

6 내비게이션을 이용하면 무엇이 좋습니까?

7 맞지 않는 것을 고르십시오. (   )

① 우진 씨가 운전하고 있다.
② 서울역으로 해서 갈 것이다.
③ 두 사람은 회사에 도착해서 커피를 마실 것이다.
④ 두 사람은 생각보다 일찍 회사에 도착할 것 같다.

III. 읽어 봅시다

YONSEI EMAIL

보낸 사람	yihana@hankuk.ac.kr
받는 사람	정하늘<hnjeong@yonsei.com>
제 목	호수 음악회에 초대합니다!

지난번에 신청하신 호수 음악회 초대장을 보내 드립니다. 아름다운 가을밤 시원한 바람이 부는 호수에서 듣는 음악! 정말 기억에 남는 밤이 될 겁니다. 공원 입구에서 이 초대장과 신분증을 보여 주시면 표를 드리겠습니다. 좋은 자리에 앉으시려면 서두르세요!

시간 9월 20일 토요일 오후 6시
장소 인주 시 호수 공원
오시는 길
1) 고속버스
인주 고속버스 터미널 하차 → 건너편 버스 정류장에서 35번, 73번 버스 승차 → 호수 공원 정류장 하차 (20분)
터미널에서 택시를 타면 5분 정도 걸립니다.
2) 운전
고속 도로 인주 톨게이트 → 북인주길 2km → 인주사거리 지나서 직진 후 유턴 → 오른쪽에 입구가 있습니다.
주차는 3시간 무료입니다.

기억에 남다 건너편 톨게이트 주차료

1 호수 공원까지 운전해서 갈 때 맞는 지도를 찾으십시오. (   )

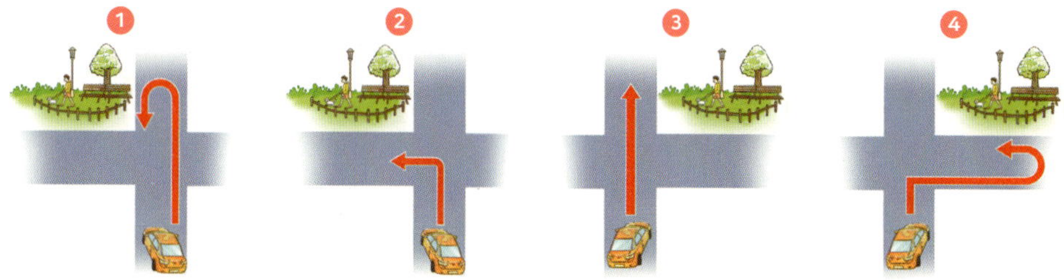

2 맞지 않는 것을 고르십시오. (   )

① 음악회를 저녁에 시작한다.
② 운전을 하면 북인주길로 해서 간다.
③ 터미널에서 길을 건너서 버스를 탄다.
④ 하루 종일 주차료를 내지 않아도 된다.

3 표를 받으려면 무엇이 필요합니까?

__________________, __________________

IV. 따라해 봅시다

<콧소리 3> /ㄴ/, /ㅁ/ 앞의 /ㄷ/ → [ㄴ]

있나요 [인나요]   끝나고 [끈나고]   받는 [반는]

- 어디에서 택시를 탈 수 **있나요**?
- 수업이 **끝나고** 걸어서 집으로 가요.
- **옛날**에는 버스에서 요금을 **받는** 사람이 있었어요.

V. 정리해 봅시다

1. 여러분의 집에서 학교까지 빨리 가려면 어디로 해서 가야 합니까?
2. 한국에서 택시를 탄 적이 있습니까? 기사와 무슨 이야기를 했습니까?

12과

학교생활

1. 수업과 시험

MP3 / 28

• 학습 목표: 수업과 시험을 설명하는 내용을 이해할 수 있다.

Ⅰ. 준비해 봅시다

(　　) 안의 알맞은 단어를 고르십시오.

우리 학교는 9시에 수업을 시작하고 오후 3시에 수업을 (끝난다, 마친다). 다음 주에 시험을 (보기, 하기) 때문에 학생들이 모두 열심히 배운 단어와 문법을 (기억한다, 연습한다). 공부하다가 모르는 것이 있을 때는 선생님께 (대답한다, 질문한다).

Ⅱ. 들어 봅시다

1 대화를 듣고 알맞은 그림을 연결하십시오.

1) •　　　　• ①

2) •　　　　• ②

3) •　　　　• ③

4) •　　　　• ④

끝나다　마치다　기억하다　연습하다　질문하다　대답하다　버튼

2 대화를 듣고 맞는 그림에 ✔하십시오.

1)

❶ (   ) ❷ (   )

2)

❶ (   ) ❷ (   )

3)

❶ (   ) ❷ (   )

4)

❶ (   ) ❷ (   )

[3-4] 대화를 듣고 질문에 답하십시오.

3 이 사람은 왜 학교에 늦었습니까?

____

4 맞으면 O, 틀리면 X 하십시오.

1) 이 사람은 오늘 처음 지각했다. (   )

2) 학교에는 9시까지 와야 한다. (   )

[5-7] 대화를 듣고 질문에 답하십시오.

5 두 사람은 무엇에 대해 이야기합니까? (   )

❶ 선생님 말씀 ❷ 시험을 보는 방법 ❸ 시험공부 방법 ❹ 단어 외우기

6 맞는 것을 고르십시오. (   )

❶ 유키 씨는 지난주에 학교에 안 왔다.

❷ 마리아 씨는 시험공부를 천천히 하겠다.

❸ 마리아 씨와 유키 씨는 같이 공부하겠다.

❹ 유키 씨가 마리아 씨에게 시험 날짜를 물어봤다.

시험장 학생증 점 문장 지각하다 천천히

7 무슨 시험을 봅니까?

날짜	시험
목요일	
금요일	

III. 읽어 봅시다

저는 이번에 한국 대학교에 입학한 학생입니다. 한국에 온 지 얼마 안 돼서 아직 한국 생활에 익숙하지 않습니다. 한국 친구도 별로 없고 모르는 것도 많아서 대학교 생활이 조금 어렵습니다.

이번 학기에는 모두 4개의 수업을 듣는데 그중에서 제일 어려운 수업은 글쓰기 수업입니다. 저는 아직 한국말을 잘 못해서 이 수업을 들어야 다음 학기에 전공 수업을 신청할 수 있습니다. 이 수업은 시험을 한 번만 보면 되지만 일주일마다 숙제를 해서 내야 하기 때문에 조금 힘듭니다.

제일 재미있는 수업은 한국 문화 수업입니다. 저는 한국 문화에 관심이 많아서 이 수업을 듣는 것이 정말 좋습니다. 이 수업에서는 한국 영화나 드라마를 보면서 한국 문화를 배울 수 있어서 정말 좋습니다. 수업이 지루하지 않고 재미있어서 매주 수업 시간이 기대가 됩니다.

같이 이 수업을 듣는 친구가 한국 요리 동아리를 소개해 줬습니다. 요리 동아리에 들어가면 한국 친구도 사귈 수 있고 한국 음식도 만들어 볼 수 있어서 이 동아리에 들어갈까 합니다.

앞으로 수업도 열심히 듣고 한국 친구도 많이 사귀면서 재미있게 지냈으면 좋겠습니다.

1 이 사람이 듣는 수업과 관계있는 것을 연결하십시오.

1) 글쓰기 •

2) 한국 문화 •

• ① 매주 숙제를 해서 내야 한다.

• ② 이 사람에게 제일 어려운 수업이다.

• ③ 이 사람이 제일 좋아하는 수업이다.

• ④ 한국 영화나 드라마를 보면서 배운다.

2 맞지 않는 것을 고르십시오. (   )

❶ 이 사람은 얼마 전에 한국에 왔다.
❷ 글쓰기 수업은 시험을 두 번 봐야 한다.
❸ 이 사람은 이번 학기에 4개의 수업을 듣는다.
❹ 한국 문화 수업을 같이 듣는 친구가 동아리를 소개해 줬다.

3 이 사람은 앞으로 한국에서 어떻게 지내고 싶어 합니까?

Ⅳ. 따라해 봅시다

<콧소리 4> /ㄴ/, /ㅁ/ 앞의 /ㅂ / -> [ㅁ]

밥맛[밤맏] 없는[엄는] 입니다[임니다]

- 요즘 시험 때문에 **밥맛**이 별로 없습니다.
- 학생증이 **없는** 사람은 도서관에 들어갈 수 없습니다.
- 한국 대학교에 입학한 학생**입니다**.

Ⅴ. 정리해 봅시다

1. 한국어 수업을 들을 때 어려운 점이 있습니까? 무엇입니까?
2. 여러분은 어떻게 시험공부를 합니까? 친구와 이야기해 보십시오.

중간시험 마다

12과 학교생활

2. 학교 프로그램

MP3 / 29

• 학습 목표: 사무실에서 학교 생활에 대해 문의하는 내용을 이해할 수 있다.

Ⅰ. 준비해 봅시다

이야기를 읽고 순서대로 번호를 쓰십시오.

한국어학당에 등록할 때는 먼저 신청 기간을 알아본 후에 신청서를 씁니다. 신청서는 사무실에 내면 됩니다. 신청 결과를 확인하고 등록금을 냅니다.

❶

❷

❸

❹

(　　　) → (　　　) → (　　　) → (　　　)

Ⅱ. 들어 봅시다

1 대화를 듣고 알맞은 그림을 연결하십시오.

1) •　　2) •　　3) •　　4) •

•　　•　　•　　•

❶

❷

❸

❹

등록하다　신청서　신청 기간　신청 결과　확인하다　등록금　홈페이지

2 이야기를 듣고 사무실에서 할 수 있는 것을 모두 고르십시오. (,)

❶

❷

❸

❹

❺

[3-4] 대화를 듣고 질문에 답하십시오.

3 무엇을 알아보려고 전화했습니까? ( )

❶ 등록금 안내 ❷ 등록 날짜 ❸ 외국어 설명 ❹ 사무실 주소

4 맞으면 O, 틀리면 X 하십시오.

1) 전화를 한 사람의 친구는 외국 사람이다. ( )

2) 사무실에는 외국어를 할 수 있는 직원이 있다. ( )

[5-7] 대화를 듣고 질문에 답하십시오.

5 두 사람은 무엇에 대해서 이야기합니까? 모두 고르십시오. (,)

❶ 아르바이트 찾기 ❷ 휴학 신청 ❸ 어학당 등록 ❹ 수업 시간 바꾸기

6 맞는 것을 고르십시오. ( )

❶ 이 사람은 지금 저녁 수업을 듣고 있다.

❷ 저녁 수업은 오전 수업과 시작 날짜가 다르다.

❸ 휴학을 하고 싶으면 사무실에 전화를 해야 한다.

❹ 학생은 다음 학기에 한국어학당에 다니고 싶지 않다.

7 저녁 수업은 무슨 요일에 몇 시부터 몇 시까지 합니까?

수업 요일	수업 시간

등록 취소 휴학하다 언어 교환 외국어 정확하다

Q 한국어를 공부하면서 재미있게 할 수 있는 일들이 있을까요?

A 한국어학당에서는 학생들이 할 수 있는 여러 프로그램들이 있는데요. 어떤 프로그램이 있는지 같이 알아볼까요?

한국 친구를
사귈 수 있는
특별한 시간

언어 교환

한국말을 연습하고 싶거나 한국 친구를 사귀고 싶은 사람들은 언어 교환 프로그램을 신청하세요. 언어 교환은 한국 대학교 학생과 한국어학당 학생의 외국어 연습을 도와주는 프로그램이에요. 언어 교환을 신청한 모든 학생은 오리엔테이션에 꼭 와야 해요.

몸에 좋고
맛도 좋은
한국 음식 만들기

한국 요리

한국 요리는 한국어학당 학생들에게 쉽고 편한 한국 요리 방법을 가르쳐 주는 프로그램인데요. 매년 봄 학기, 가을 학기, 겨울 학기에 신청할 수 있어요. 요리하는 것을 좋아하거나 한국 음식에 관심이 있는 학생은 이 프로그램을 신청하세요.

한국 영화로
배우는
한국어

한국 영화

한국어학당에서는 학기마다 한국 영화 8편을 무료로 볼 수 있는데요. 영화는 수요일 오후 2시에 대강당에서 해요. 한국 영화에 관심 있는 분들은 영화를 보러 대강당으로 오세요.

1 다음 사람들에게 어떤 프로그램을 추천하면 좋을까요?

1) 주앙 씨는 요리하는 것을 아주 좋아한다. (　　　　)

2) 흐엉 씨는 한국 친구와 한국말을 연습해 보고 싶어 한다. (　　　　)

3) 노라 씨는 한국 문화에 관심이 많다. (　　　　)

오리엔테이션　모든　편　관심이 있다

2 맞지 않는 것을 고르십시오. (　　)

❶ 한국 요리 프로그램은 여름 학기에도 있다.
❷ 한국어학당에서는 무료로 영화를 볼 수 있다.
❸ 한국어학당에는 학생들이 할 수 있는 여러 프로그램이 있다.
❹ 언어 교환을 신청한 모든 학생들은 오리엔테이션에 와야 한다.

3 한국어학당 학생이 학교에서 영화를 보려면 언제 어디로 가야합니까?

언제	
어디	

Ⅳ. 따라해 봅시다

<콧소리 5> /ㅁ/, /ㅇ/ 뒤의 /ㄹ/ → [ㄴ]

등록금[등녹끔] 음료수[음뇨수] 종로[종노]

- **등록금**을 언제까지 내야 합니까?
- 수업이 끝나고 **음료수**를 마시러 갈까요?
- **종로**에 한국 요리를 배울 수 있는 곳이 있나요?

Ⅴ. 정리해 봅시다

1. 여러분은 학교 사무실에 가서 무엇을 합니까? 이야기 해 보십시오.
2. 한국어를 더 잘하고 싶어서 학교에서 하는 프로그램을 신청해 본 적이 있습니까?

복습

MP3 / 30

1 대화를 듣고 질문에 답하십시오.

1) **제니 씨는 주앙 씨에게 왜 전화했습니까?**

2) **맞는 것을 고르십시오. (　　)**

① 주앙 씨는 쓰기 시험을 잘 못 봐서 걱정하고 있다.
② 제니 씨는 보통 때 한국말로 많이 이야기하지 않는다.
③ 제니 씨의 학교에서 주앙 씨의 학교까지 가는 버스가 있다.
④ 주앙 씨의 학교까지 가려면 을지로 2가에서 3호선으로 갈아탄다.

3) **두 사람이 말한 공부 방법을 쓰십시오.**

① 글씨를 틀리지 않게 쓰려면
② 말하기 시험을 잘 보려면

2 다음 글을 읽고 질문에 답하십시오.

학교 소개　수업 일정　등록 안내　온라인 접수

한국어학당 소개

- 인사말 >
- 역사 >
- 선생님 / 직원 >
- 오시는 길 >

한국어학당 소개 ▶ 오시는 길

오시는 길

지하철	2호선 신촌역 3번 출구로 나와서 7024번 버스로 갈아타고 연대 동문 회관에서 하차합니다.
버스	272　606　708　6714　7017　7024　7737 연대 동문 회관에서 하차합니다.
자동차	연대 앞 사거리에서 금화 터널 쪽으로 가다가 봉원 고가 차도 밑에서 좌회전을 해서 연세 대학교 동문으로 들어가세요. 한국어학당 건물로 가려면 350m 정도 직진한 후 좌회전을 해서 50m 정도 내려가세요. 왼쪽에 한국어학당이 있습니다.

1) **이 홈페이지를 보고 알 수 없는 것은 무엇입니까? (　　)**

❶ 학교의 역사　　❷ 등록하는 방법
❸ 수업을 시작하는 날　　❹ 기숙사에 찾아가는 방법

2) **학교에 가는 방법입니다. 맞으면 ○, 틀리면 X 하십시오.**

❶ 지하철에서 내린 후에 버스로 갈아탄다. (　　)
❷ 버스를 타고 가다가 연대 앞 사거리 정류장에서 내린다. (　　)
❸ 연세 대학교 동문으로 들어가서 바로 좌회전을 한다. (　　)

문화

도서관 이용

국립 중앙 도서관 한국에서 가장 큰 도서관으로 자료가 매우 많습니다. 특히 디지털 도서관은 시설이 아주 좋습니다.

남산 도서관 1922년에 문을 연 한국에서 가장 오래된 도서관입니다. 경치가 아름다운 남산에 있으며 전시회, 강연회, 문화 교실 등을 엽니다.

서울 도서관 옛 서울시청 건물에 만들어진 도서관으로 서울 시내 도서관의 모든 자료를 검색할 수 있는 서비스가 있습니다.

1. **가장 오래된 도서관과 가장 큰 도서관은 각각 무엇입니까?**
2. **여러분이 소개하고 싶은 도서관이 있습니까?**

웬일　글씨　틀리다　떨리다　일정　연대 동문 회관　금화 터널　봉원 고가 차도

13과

공공 기관

1. 은행

MP3 / 31

• 학습 목표: 은행 이용 관련 내용을 이해할 수 있다.

Ⅰ. 준비해 봅시다

현금 자동 인출기로 돈을 찾으려고 합니다. 순서에 맞게 번호를 쓰십시오.

(❶) → ( ) → ( ) → (❷) → ( )

Ⅱ. 들어 봅시다

1 문장을 듣고 먼저 해야 하는 것에 ✔하십시오.

1)

❶ ( ) ❷ ( )

2)

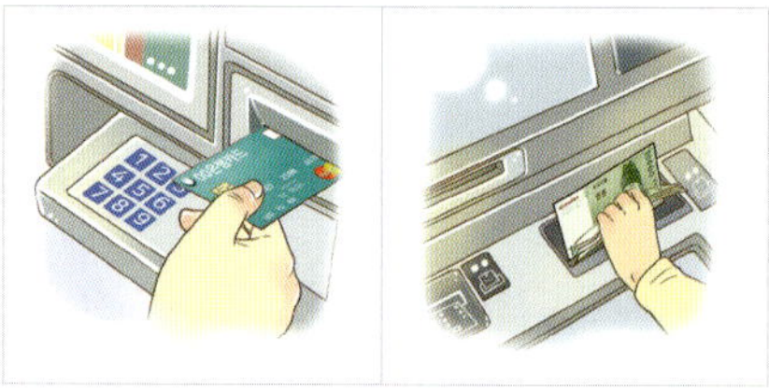

❶ ( ) ❷ ( )

3)

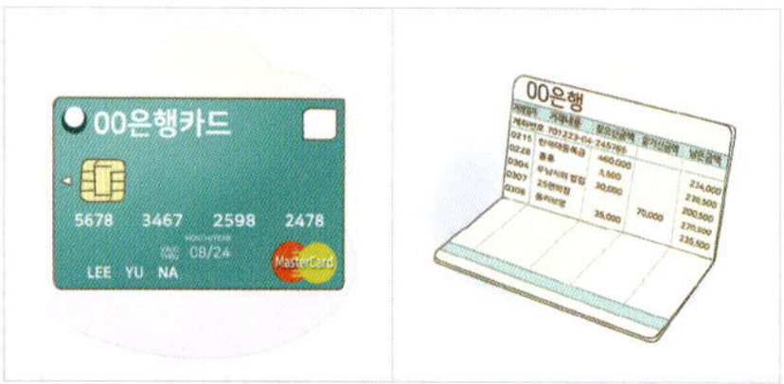

❶ ( ) ❷ ( )

4)

❶ ( ) ❷ ( )

현금 자동 인출기 통장 계좌 비밀번호 현금 번호표 뽑다 서명

2 문장을 듣고 같은 시간에 하는 행동을 연결하십시오.

1) 2) 3) 4)

❶ ❷ ❸ ❹

[3-4] 대화를 듣고 질문에 답하십시오.

3 이 사람은 제일 먼저 무엇을 해야 합니까? (　　)

❶ 인터넷을 해야 한다.　　❷ 돈을 찾아야 한다.

❸ 번호표를 뽑아야 한다.　　❹ 계좌를 만들어야 한다.

4 맞으면 O, 틀리면 X 하십시오.

1) 이 사람은 그동안 인터넷으로 은행 일을 하지 않았다. (　　)

2) 기다리는 동안 현금 자동 인출기에서 돈을 찾을 수 있다. (　　)

[5-7] 대화를 듣고 질문에 답하십시오.

5 이 사람은 왜 은행에 왔습니까?

인터넷 뱅킹　환전　환율　원화

13과

공공 기관

2. 우체국

MP3 / 32

• 학습 목표: 우체국 이용 관련 내용을 이해할 수 있다.

Ⅰ. 준비해 봅시다

신청서를 보고 질문에 답하십시오.

우체국 택배 신청서

보내는 분			보내는 물건	
보내는 분	성명	김민수	보내는 물건	책 (한국어 교과서 5권)
	전화	010-2210-2300		
	주소	서울시 서초구 강남대로 465 교보타워 우편번호 : 06611		

등기 신청	받는 분		
등기 신청 ☑	받는 분	성명	레오 마르땅
		전화	010-2123-3464
-안내- 등기를 신청하시면 받는 분에게 직접 드립니다.		주소	서울시 서대문구 연세로 50 한국어학당 우편번호: 03722

1) 어떤 서비스를 신청하는 신청서입니까?
2) 누가 보내고 누가 받습니까?
3) 받는 사람의 우편번호는 몇 번입니까?
4) 등기를 신청하면 어떤 점이 좋습니까?

Ⅱ. 들어 봅시다

1 대화를 듣고 이용하는 우체국의 서비스를 연결하십시오.

1) •	2) •	3) •	4) •
• ① 우편	• ② 소포	• ③ 꽃 배달	• ④ 국제 특급

우편번호 등기 서비스 항공편 배편 엽서 부치다[2] 우편 소포
국제 특급(EMS)

2 대화를 듣고 맞는 것에 ✔하십시오.

1) 걸리는 시간이
☐ 짧다 ☐ 길다

2) 물건의 무게가
☐ 가볍다 ☐ 무겁다

3) 물건의 크기가
☐ 작다 ☐ 크다

4) 할인율이
☐ 낮다 ☐ 높다

[3-4] 대화를 듣고 질문에 답하십시오.

3 노라 씨는 무엇을 어디로 보내고 싶어 합니까?

무엇	어디

4 맞으면 O, 틀리면 X 하십시오.

1) 국제 특급으로 물건을 보내면 2일 안에 배달해 준다. ( )

2) 이 물건을 국제 특급으로 보내려면 43,000원을 내야 한다. ( )

[5-7] 대화를 듣고 질문에 답하십시오.

5 이 사람이 이용하려는 우체국 서비스는 무엇입니까?

6 이 사람은 왜 우체국에 물건을 가지고 오지 못했습니까? ( )

① 물건의 크기 때문에
② 물건의 무게 때문에
③ 방문 서비스를 몰라서
④ 방문 서비스 값이 싸서

길이 상자 이상 무게 가격 크기 할인율

7 맞으면 ○, 틀리면 X 하십시오.

1) 방문 서비스를 신청하면 직원이 물건을 가지러 집으로 온다. (　　)

2) 32Kg의 물건을 보내려면 1,000~2,000원을 내야 한다. (　　)

III. 읽어 봅시다

우체국의 여러 가지 서비스 안내

가족이나 친구의 특별한 날을 축하하실 건가요?

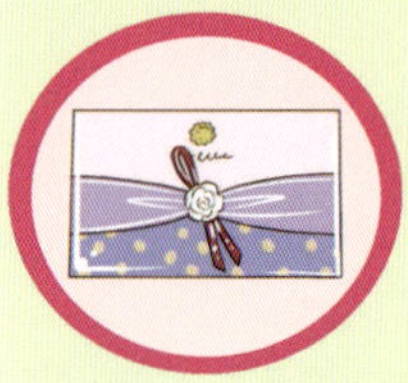

우체국의 축하 카드 서비스를 이용해 보세요. 카드를 고르고 축하 인사를 쓰시면 하루 안에 축하 카드를 배달해 드립니다. 같은 카드를 한 번에 100명에게나 보낼 수도 있습니다.

사랑하는 사람에게 꽃을 선물하실 건가요?

우체국에서 꽃도 배달해 드립니다. 아름다운 꽃다발을 메시지와 함께 보낼 수 있습니다. 원하시면 선물도 같이 배달해 드립니다. 선물 배달은 따로 돈을 내야 합니다.

좋은 식품을 드시고 싶은가요?

우체국에서는 맛있고 몸에 좋은 신선 식품을 팝니다. 인터넷이나 전화로 주문하시면 신선한 과일, 채소, 고기, 곡류 등을 집으로 배달해 드립니다.

계속 비싼 휴대 전화를 사용하실 건가요?

우체국에서는 싼 가격으로 휴대 전화를 사서 이용하실 수 있습니다. 우체국의 휴대 전화 서비스는 보통 휴대 전화 서비스보다 20~30%나 쌉니다.

하루　팔다

1 우체국에서 하지 않는 서비스는 무엇입니까? (   )

❶ 축하 카드 배달 서비스
❷ 꽃 배달 서비스
❸ 백화점 물건 배달 서비스
❹ 휴대 전화를 파는 서비스

2 맞는 것을 고르십시오. (   )

❶ 축하 카드는 한 번에 한 명에게만 보낼 수 있다.
❷ 꽃을 배달할 때 메시지를 보내고 싶으면 돈을 더 내야 한다.
❸ 우체국 인터넷 사이트에서 맛있고 신선한 식품을 살 수 있다.
❹ 우체국 휴대 전화 서비스는 다른 휴대 전화 서비스보다 조금 비싸다.

3 맞으면 O, 틀리면 X 하십시오.

1) 우체국의 소포 서비스를 안내하는 글이다. (   )
2) 우체국에서 꽃을 보낼 때 선물도 같이 보낼 수 있다. (   )

Ⅳ. 따라해 봅시다

<흐름소리 이음> /ㄹㄹ/

걸립니다 물론 몰라서

- 배편으로 한 달쯤 **걸립니다**.
- 항공편으로 보내면 **물론** 배편보다 비싸요.
- 직원이 하는 말을 **몰라서** 답답했다.

Ⅴ. 정리해 봅시다

1. 우체국을 이용해 봤습니까? 어떤 일을 했습니까?
2. 여러분 나라의 우체국과 한국의 우체국은 무엇이 다릅니까?

14과 전화

1. 휴대 전화

MP3 / 33

• 학습 목표: 휴대 전화의 다양한 기능을 설명하는 내용을 이해할 수 있다.

Ⅰ. 준비해 봅시다

휴대 전화로 무엇을 할 수 있습니까? 보기 에서 골라 쓰십시오.

1)

( )

2)

( )

3)

( )

4)

( )

보기

통화하다	계산하다	녹음하다
사진을 찍다	동영상을 보다	문자 메시지를 보내다

통화하다 계산하다 녹음하다 동영상을 보다

II. 들어 봅시다

1 음성 메시지를 듣고 들은 내용을 말한 것을 연결하십시오.

1) •	•	❶ 요즘 에릭 씨가 바쁘다고 합니다.
2) •	•	❷ 마이클 씨가 고향에 돌아갔다고 합니다.
3) •	•	❸ 약속 장소가 학교 정문 앞이라고 합니다.
4) •	•	❹ 노라 씨가 케이크를 만들어 가지고 올 거라고 합니다.

2 대화를 듣고 에릭 씨가 점원에게 질문한 것을 모두 골라 ✔하십시오.

1)

(　　　　)

2)

(　　　　)

3)

(　　　　)

4)

(　　　　)

5)

(　　　　)

6)

(　　　　)

[3-4] 대화를 듣고 질문에 답하십시오.

3 윤아 씨 어머니는 윤아 씨에게 왜 전화를 했습니까?

4 맞으면 O, 틀리면 X 하십시오.

1) 존 씨는 요즘 가족들과 휴대 전화로 동영상을 자주 찍는다. (　　)

2) 존 씨는 내일 하늘 씨, 윤아 씨와 등산을 할 것이다. (　　)

음성 메시지　검색하다　속도

[5-7] 대화를 듣고 질문에 답하십시오.

5 두 사람은 무슨 이야기를 하고 있습니까? (　　)

❶ 휴대 전화의 디자인　　❷ 휴대 전화의 불편한 점
❸ 휴대 전화의 여러 가지 기능　　❹ 휴대 전화의 좋은 점과 나쁜 점

6 휴대 전화의 좋은 기능은 무엇입니까?

7 맞으면 O, 틀리면 X 하십시오.

1) 유키 씨는 휴대 전화에 사전 기능이 있어서 좋다고 생각한다. (　　)
2) 유키 씨는 휴대 전화 때문에 눈이 나빠졌다. (　　)

III. 읽어 봅시다

요즘은 아이부터 노인까지 휴대 전화가 없는 사람이 없다. 많은 사람들이 휴대 전화로 통화나 녹음, 계산, 동영상과 사진 찍기, 게임 등 여러 가지를 한다.

우리 신문사가 20-30대와 70대 이상의 노인 모두 1,000명에게 휴대 전화를 언제 사용하고, 사용하면서 좋은 점과 불편한 점이 뭐냐고 질문했다.

20-30대는 휴대 전화로 뉴스나 드라마를 보고 쇼핑이나 인터넷 뱅킹을 한다고 대답했다. 휴대 전화로 사진을 찍어서 블로그에 올리는 것을 좋아한다고 했다.

나이가 많은 노인들은 20-30대와 다르게 통화를 하거나 메시지를 보낼 때 많이 사용한다고 했다. 또 물건 값 같은 것을 계산할 일이 많은데 휴대 전화로 계산하면 되니까 아주 편리하다고 이야기했다. 인터넷 검색도 가끔 하는데 글씨가 너무 작아서 불편하다고 대답했다.

그래서, 휴대 전화 회사들은 노인들이 편하게 검색할 수 있고 글씨를 크게 볼 수 있는 휴대 전화를 새로 만들 것이라고 한다.

기능　기사　청소년　위험하다　글씨

1 이 글에서 이야기하고 있는 것은 무엇입니까? (　　)

❶ 휴대 전화를 사용하는 시간
❷ 휴대 전화로 통화할 때의 문제점
❸ 20-30대와 70대의 휴대 전화 사용
❹ 70대 노인이 휴대 전화로 쇼핑할 때 좋은 점

2 노인들이 휴대 전화로 인터넷 검색하는 것을 왜 불편해 합니까?

3 맞으면 O, 틀리면 X 하십시오.

1) 휴대 전화 회사가 사람들에게 휴대 전화의 좋은 점이 뭐냐고 질문했다. (　　)
2) 노인들은 드라마나 뉴스를 볼 때 휴대 전화를 많이 사용한다. (　　)

Ⅳ. 따라해 봅시다

<받침> /ㄹ/

내일 멀리 물건

- **내일** 약속 잊어버리지 않았지?
- **멀리** 있는 가족과 편하게 연락할 수 있어요.
- 휴대 전화로 **물건** 값을 계산합니다.

Ⅴ. 정리해 봅시다

1. 여러분은 휴대 전화로 무엇을 많이 합니까?
2. 휴대 전화의 좋은 점과 나쁜 점은 무엇일까요? 이야기해 봅시다.

14과 전화

2. 메시지

MP3 / 34

• 학습 목표: 메시지나 메모의 내용을 이해할 수 있다.

Ⅰ. 준비해 봅시다

다음 그림에 맞게 보기 에서 골라 순서대로 쓰십시오.

1)

( )

2)

( )

3)

( )

4)

( )

보기

메시지가 오다　　메모를 남기다　　메시지를 보내다　　메시지를 확인하다

Ⅱ. 들어 봅시다

1 대화를 듣고 레오 씨가 친구들과 함께 하고 싶어 하는 것에 모두 ✔하십시오.

1)

( )

2)

( )

3)

( )

4)

( )

5)

( )

6)

( )

함께　남기다

2 대화를 듣고 앞으로 할 일에 ✔하십시오.

1)

❶ (　　) ❷ (　　)

2)

❶ (　　) ❷ (　　)

3)

❶ (　　) ❷ (　　)

4)

❶ (　　) ❷ (　　)

[3-4] 메시지를 듣고 질문에 답하십시오.

3 이 사람은 에릭 씨에게 왜 전화했습니까? 빈칸에 알맞은 말을 쓰십시오.

7시에 ________ 에서 만나서 밥을 먹고 ________ 에 가자고 하려고 전화했다.

4 맞으면 O, 틀리면 X 하십시오.

1) 에릭 씨는 지금 회사에 있다. (　　)

2) 노라 씨는 서울역에 도착해서 에릭 씨에게 전화를 할 것이다. (　　)

출발하다　남산　서울역

[5-7] 대화를 듣고 질문에 답하십시오.

5 레오 씨는 왜 친구를 못 만났습니까? (   )

① 레오 씨가 일이 바빠서
② 레오 씨가 늦게 일어나서
③ 레오 씨 친구가 다른 약속이 있어서
④ 레오 씨 친구가 회사에 급한 일이 있어서

6 레오 씨는 왜 친구와 연락이 되지 않았습니까?

7 맞으면 O, 틀리면 X 하십시오.

1) 레오 씨는 약속을 바꾸려고 친구에게 메시지를 보냈다. (   )
2) 레오 씨는 이번 주말에 친구와 만날 약속을 했다. (   )

III. 읽어 봅시다

하늘아, 엄마가 네가 좋아하는 만두를 조금 만들어 가지고 왔는데 집에 없구나. 전화를 걸었는데 받지 않네. 지금 수업 중인 것 같다. 30분 동안 기다렸는데 오지 않아서 메모를 남기고 집에 가려고 한다.

형이 다음 주에 할아버지 생신이니까 가족이 다 함께 식사 한번 하자고 한다. 오랜만에 좋은 식당을 예약한다고 했어. 그러니까 꼭 와라. 또 형이 여자 친구를 우리 가족에게 소개해 준다고 한다. 요즘 공부 때문에 좀 바쁘겠지만 이번 가족 모임에 꼭 왔으면 좋겠다. 형이 할아버지 생신 케이크 좀 사 오라고 했는데 엄마가 바쁘니까 네가 좀 사 가지고 와라.

할아버지도 오랜만에 가족이 모두 모이니까 기뻐하신다. 그러니까 잊으면 안 된다. 간단하게 쓰려고 했는데 길어졌구나. 시간 있으면 엄마한테 전화 한번 해라.

–사랑하는 엄마가

낮잠 깜빡 꼭 기쁘다

1 하늘 씨 어머니는 오늘 왜 하숙집에 왔습니까? (　　)

❶ 하늘 씨 여자 친구를 만나고 싶다.
❷ 하늘 씨와 케이크를 같이 먹고 싶다.
❸ 하늘 씨의 생일이 다음 주이기 때문이다.
❹ 하늘 씨가 먹을 만두를 만들어 가지고 왔다.

2 하늘 씨는 다음 주에 있는 가족 모임에 무엇을 준비해야 합니까?

3 맞으면 O, 틀리면 X 하십시오.

1) 하늘 씨 어머니는 하숙집에서 기다리다가 메모를 남겼다. (　　)
2) 하늘 씨는 바빠서 다음 주 가족 모임에 가지 않아도 된다. (　　)

Ⅳ. 따라해 봅시다

<ㅎ소리 줄이기> 받침/ㅎ/ 뒤에 /ㅇ/이 올 때 /ㅎ/을 발음하지 않는다.

좋아하는[조아하는]　놓으세요[노으세요]　낳았어요[나압써요]

- 네가 **좋아하는** 만두를 좀 만들어 가지고 왔어.
- 책상 위에 휴대 전화를 **놓으세요.**
- 이모가 조카를 **낳았다고** 메시지를 보냈어요.

Ⅴ. 정리해 봅시다

1. 요즘 친구들과 메시지로 무슨 이야기를 합니까?
2. 메시지를 잘못 보낸 적이 있습니까? 무슨 문제가 생겼습니까?

복습

MP3 / 35

1 다음을 읽고 질문에 답하십시오.

저는 한국 친구에게 어디에서 통장을 만들면 되냐고 물어본 적이 있습니다. 친구가 우체국에서 통장을 만들면 여러 가지로 편하니까 거기에서 통장을 만들라고 했습니다. 그래서 한국에 와서 우체국 통장부터 하나 만들었습니다.

우체국에 갔는데 사람들이 많았습니다. 돈을 찾는 사람, 체크 카드를 신청하는 사람, 택배를 보내는 사람, 다른 나라로 소포를 부치는 사람, 많은 사람들이 우체국에 있었습니다. 번호표를 뽑았는데 내 앞에 30명이나 있었습니다. 기다리는 동안 휴대 전화로 음악을 들으면서 잡지를 봤습니다. 20분쯤 후에 직원이 내 번호를 불러서 여권을 내고 통장을 만들었습니다.

우체국 직원은 우체국 앱을 다운로드 받으면 휴대 전화로 인터넷 뱅킹과 택배 서비스까지 모두 이용할 수 있다고 했습니다. 저는 휴대 전화로 보통 인터넷을 하거나 동영상을 보는데 여러 가지 다른 일도 할 수 있어서 신기했습니다. 하숙비를 낼 때도 (가)에 직접 갈 필요가 없고, 인터넷 쇼핑으로 물건을 샀다가 바꿀 때도 쉽게 (나)를 신청할 수 있습니다. 휴대 전화로 이렇게 많은 우체국 서비스를 이용할 수 있어서 생활이 더 편해진 것 같습니다.

1) **이 글은 무엇에 대한 글입니까? ( )**

① 통장 ② 우체국 ③ 휴대 전화 ④ 인터넷 뱅킹

2) **맞지 않는 것을 고르십시오. ( )**

① 통장을 만들려면 여권이 있어야 합니다.
② 우체국 앱으로 다른 사람에게 돈을 보낼 수 있습니다.
③ 이 사람은 한국에 와서 먼저 우체국 통장을 만들었습니다.
④ 통장을 만들 때 이 사람 앞에 다른 사람이 조금 있었습니다.

3) **빈 칸에 알맞은 것을 보기 에서 골라 쓰십시오.**

보기

통장 은행 택배 소포

가 ( ) 나 ( )

2 대화를 듣고 질문에 답하십시오.

1) **대화를 듣고 다음의 내용을 시간의 순서대로 쓰십시오.**

❶ 여자가 우체국에 택배를 신청합니다.
❷ 택배 직원이 여자에게 전화를 합니다.
❸ 택배 직원이 여자의 집에 메모를 남깁니다.
❹ 택배 직원이 3시에 여자의 집을 방문합니다.

(　　　　) → (　　　　) → (　　　　) → (　　　　)

2) **맞는 것을 고르십시오. (　　)**

❶ 여자는 어제 택배 직원을 만났습니다.
❷ 여자는 아직 물건을 보내지 못했습니다.
❸ 여자는 지금 우체국에서 이야기를 하는 중입니다.
❹ 여자는 전화를 걸어서 우체국 택배를 신청했습니다.

문화

공과금 자동 납부기

은행에 가면 현금 자동 인출기 옆에 공과금 자동 납부기를 볼 수 있습니다. 이전에는 집 관리비나 가스비, 수도 요금, 전화 요금을 낼 때 창구에서 번호표를 뽑고 오래 기다려야 했습니다. 하지만 이제는 공과금 자동 납부기가 있어서 은행 통장이나 카드가 있으면 줄을 서지 않고 바로 납부할 수 있습니다. 최근에는 신용 카드나 인터넷 뱅킹으로 더 간편하게 낼 수 있게 되었습니다.

1. **공과금 자동 납부기에서 무엇을 할 수 있습니까?**
2. **여러분 나라에서 공과금을 어떻게 냅니까?**

신기하다　우편함　맞추다

15과 예약과 주문

1. 식당 예약

MP3 / 36

• 학습 목표: 다양한 방법으로 식당을 예약하는 내용을 이해할 수 있다.

Ⅰ. 준비해 봅시다

다음 이야기의 빈칸에 알맞은 단어를 보기에서 찾아 쓰십시오.

* 안내 *

'우리 식당'이 문을 연 지 10년이 되었습니다!!
감사의 마음을 담아 손님 여러분께
무료로 식사하실 수 있는 기회를 드리려고 합니다.
저희 홈페이지에 들어오셔서 ( )을/를
해 주십시오. 먼저 식사하러 오실 ( )을/를
고르신 후에 ( )을/를 남겨 주십시오.
열 분을 뽑아서 원하는 날 앉으실 수 있는
( )을/를 따로 준비하겠습니다.

보기
- 날짜
- 연락처
- 예약
- 예약석

Ⅱ. 들어 봅시다

1 문장을 듣고 맞는 그림에 ✔하십시오.

1)

❶ ( )

❷ ( )

2)

❶ ( )

❷ ( )

3)

❶ ( )

❷ ( )

4)

❶ ( )

❷ ( )

기회 날짜 예약석 분위기 카페 공휴일 연말

2 유키와 윤아는 식당에서 무슨 이야기를 했습니까? 대화를 듣고 빈칸에 알맞은 표현을 고르십시오.

윤아가 유키에게 물을 (주라고, 달라고) 했습니다. 유키가 윤아에게 주문을 해 (주라고, 달라고) 하고 동생에게 물을 (주라고, 달라고) 했습니다. 윤아가 유키에게 동생에게 냉면이 무엇인지 설명해 (주라고, 달라고) 했습니다.

[3-4] 대화를 듣고 질문에 답하십시오.

3 여자가 예약한 내용입니다. 빈칸에 알맞은 단어를 쓰십시오.

시간 : ______ 월 ______ 일 ______ 요일 ______ 시
사람 : ______ 명

4 맞으면 O, 틀리면 X 하십시오.

1) 여자의 생일 파티를 하려고 식당을 예약했다. ( )
2) 식당 주인은 여자에게 이름과 연락처를 말해 달라고 했다. ( )

[5-7] 대화를 듣고 질문에 답하십시오.

5 존은 하늘이에게 무엇을 부탁했습니까?

______

6 예약하는 순서를 찾아 번호를 쓰십시오.

① 연락처 쓰기
② '예약하기' 버튼 누르기
③ 식사하는 사람 수 고르기
④ 예약 날짜와 시간 고르기
⑤ '예약 신청하기' 버튼 누르기

( ) → (④) → ( ) → ( ) → ( )

잠시만요 성함 계속 마지막

7 맞지 않는 것을 고르십시오. (　　)

❶ 존은 친구 두 명과 같이 식사할 것이다.
❷ 예약 신청이 끝나면 문자 메시지가 온다.
❸ 인터넷으로 예약하면 음료수를 무료로 준다.
❹ 존의 친구들이 하늘이에게 예약을 부탁했다.

III. 읽어 봅시다

다음 주 수요일부터 연휴가 시작되는데 그때 고향에서 언니와 조카가 온다. 일 년 만에 그리운 가족을 만날 수 있어서 정말 기대가 된다. 어제는 언니에게 전화를 해서 한국에서 무엇을 하고 싶냐고 물었다. 언니는 한국 방문이 처음이어서 한국에서 지내는 동안 여러 가지 경험을 하고 싶어 했다. 유명한 관광지를 안내해 달라고 하고 고향에서는 맛볼 수 없는 한국 음식을 먹고 싶다고 했다. 한국 드라마에 관심이 많은 조카는 방송국을 안내해 달라고 했다. 그리고 드라마에서 본 매운 음식을 먹어 보고 싶다고 했다. 조카가 한국의 매운 음식을 먹을 수 있을까?

맛집을 많이 아는 친구에게 매운 음식을 맛있게 하는 식당을 좀 소개해 달라고 했다. 친구가 식당 몇 곳을 알려 줬다. 그중 한 식당은 인기가 많은 곳이라서 휴일에 가려면 예약을 꼭 해야 한다고 했다. 그래서 오늘 전화를 걸어서 바로 예약을 했다. 한국을 여행하는 동안 가족들이 양식도 먹고 싶어 할 것 같아서 인터넷에서 좀 알아봤다. 뷔페 식당을 하나 찾았는데 세계 여러 나라의 음식이 있는 곳이라서 우리 가족에게 좋을 것 같았다. 예약을 할 때 자리를 고를 수 있다고 해서 조용한 자리로 달라고 했다.

언니와 조카가 오면 좀 바빠지겠지만 연휴를 행복하게 보낼 수 있을 것 같다.

기대　경험　알리다　뷔페

1 이 사람은 왜 식당을 예약했습니까?

2 다음 사람이 한국에서 하고 싶어 하는 것은 무엇입니까? 맞는 문장을 연결하십시오.

1) 언니 •
2) 조카 •

• ① 관광지에 가고 싶다.
• ② 방송국에 가고 싶다.
• ③ 매운 음식을 먹고 싶다.
• ④ 고향에서 먹을 수 없는 음식을 먹고 싶다.

3 맞는 것을 고르십시오. (   )

① 언니는 전에 한국에 온 적이 없다.
② 휴일에는 인기가 많은 식당을 예약할 수 없다.
③ 뷔페 식당에서 식사할 때 좀 시끄러울 것이다.
④ 친구가 매운 음식을 잘하는 식당을 예약해 주었다.

V. 따라해 봅시다

<흐름소리 2> /ㄹ/ 뒤에서 /ㄴ/ → [ㄹ]

일 년 [일련] 설날 [설랄] 실내 [실래]

- **일 년** 만에 가족을 만납니다.
- **설날** 연휴에 여행하려고 호텔을 예약했다.
- 날씨가 추우니까 **실내**에 있는 자리로 부탁합니다.

V. 정리해 봅시다

1. 여러분은 식당을 결정할 때 무엇을 제일 중요하게 생각합니까?
2. 여러분은 한국에서 식당을 예약한 적이 있습니까? 어떻게 했습니까?

15과 예약과 주문

2. 배달 주문

MP3 / 37

• 학습 목표: 음식을 배달 시키고 확인하는 내용을 이해할 수 있다.

Ⅰ. 준비해 봅시다

문자 메시지의 빈칸에 알맞은 단어를 보기에서 골라 쓰십시오.

우리 배 고픈데 나가서 떡볶이 먹고 올까? 오후9:04

떡볶이 좋아. 그런데 나가기 좀 귀찮은데 우리 (   )어서/아서/여서 먹자. 오후9:04

그러자. 그런데 가게에서 이 시간에 (   )어/아/여 줄까? 오후9:05

응, 아직 9시니까 괜찮을 거야. 내가 전화해서 떡볶이하고 튀김을 (   )을게/ㄹ게. 오후9:05

알겠어. 이따가 (   )으면/면 다시 문자 보내 줘. 네 방으로 갈게. 오후9:05

보기

주문하다,
배달하다,
배달되다,
배달 시키다

Ⅱ. 들어 봅시다

1 대화를 듣고 맞는 그림에 ✔하십시오.

1)

❶ (   )

❷ (   )

2)

❶ (   )

❷ (   )

3)

❶ (   )

❷ (   )

4)

❶ (   )

❷ (   )

주문하다   배달하다   배달되다   배달 시키다   판   신용 카드   결제하다

2 대화를 듣고 유키 씨가 전에 해 본 일에 모두 ✔하십시오.

❶ ( )

❷ ( )

❸ ( )

❹ ( )

❺ ( )

[3-4] 대화를 듣고 질문에 답하십시오.

3 남자는 왜 전화했습니까? ( )

❶ 자장면을 주문하려고
❷ 배달 주소를 물어보려고
❸ 배달이 늦어서 물어보려고
❹ 배달이 되는지 물어보려고

4 맞으면 O, 틀리면 X 하십시오.

1) 남자는 조금 후에 회의에 들어가야 한다. ( )
2) 남자는 앞으로 30분 정도 더 기다려야 한다. ( )

[5-7] 대화를 듣고 질문에 답하십시오.

5 리타오 씨는 지금 무엇을 하러 갑니까?

6 맞는 것을 고르십시오. ( )

❶ 주문한 음식은 한 가지이다.
❷ 전화를 걸어서 배달을 주문했다.
❸ 리타오 씨는 휴대 전화로 결제했다.
❹ 리타오 씨는 건물 밖에서 기다릴 것이다.

팥빙수 늘 방금 간단하다 종류

7 주앙 씨가 전에 시켰던 곳에서는 배달에 무슨 문제가 있었습니까?

____

헤이 피자 전화

배달 시간 매일 오전 11:00-오후 11:00
주소 서울시 서대문구 창천동
배달 거리 1.5 km
점수 4.1

★ 피자를 한 판만 주문하시면 배달비(3,000원)가 있습니다. 두 판 이상 주문하거나 피자와 치킨을 같이 시키면 배달비가 무료입니다.
★ 큰 사이즈 피자를 주문하시면 콜라나 사이다를 무료로 드립니다.

메뉴
피자 ▶
치킨 ▶
음료 ▶

장바구니 | 주문 | 결제

피자 이딸리 전화

배달 시간 매일 오전 11:30-오후 10:00
주소 서울시 마포구 상수동
배달 거리 2 km
점수 4.3

★ 10,000원 이상 주문하셔야 배달됩니다. (배달비 1,000원)
★ 전에 주문하셨던 손님께는 다음에 쓸 수 있는 20% 할인 쿠폰을 드립니다.

메뉴
피자 ▶
파스타 ▶
음료 ▶

장바구니 | 주문 | 결제

1 이 글은 무엇입니까? (   )

① 식당 홈페이지
② 배달 서비스 앱
③ 예약 서비스 앱
④ 맛집 안내 블로그

거리 점수 배달비 파스타 장바구니

2 이 글을 본 사람들이 할 수 있는 말로 맞지 않는 것은 무엇입니까? (　　)

❶ "오전 11시니까 <헤이 피자>에서 시킬 수 있겠어요."
❷ "파스타도 먹고 싶은데 <피자 이딸리>에서 시킬까요?"
❸ "<피자 이딸리>에서 주문하면 항상 쿠폰을 받을 수 있어."
❹ "<헤이 피자>에서 피자와 치킨을 시켰으니까 배달비를 안 내도 돼."

3 빈칸에 알맞은 단어를 고르십시오.

<헤이 피자>는 <피자 이딸리>보다 배달 시간이 더 (길다, 짧다). 배달 거리는 더 (멀다, 가깝다). 그리고 점수는 더 (높다, 낮다). 큰 사이즈의 피자를 주문하면 (음료수, 쿠폰)을/를 받을 수 있다.

Ⅳ. 따라해 봅시다

<모음 /ㅢ/> /ㅢ/가 뒤에 올 때는 [의] 또는 [이]로 발음한다.
회의 [회의/회이] 거의 [거의/거이] 문의 [무니]

- **회의**를 시작하기 전에 음식을 시킵시다.
- 주문한 음식이 도착할 시간이 **거의** 다 됐어요.
- 음식에 대해서 **문의**하려면 식당에 직접 전화하세요.

Ⅴ. 정리해 봅시다

1. 한국에서 배달을 시켜 본 적이 있습니까? 무엇을 배달 시켰습니까?
2. 여러분 나라와 한국의 배달 서비스는 어떻게 다릅니까? 이야기해 보십시오.

16과 건강

1. 병원

MP3 / 38

• 학습 목표: 친구나 의사 선생님에게 아픈 증세를 설명하는 내용을 이해할 수 있다.

Ⅰ. 준비해 봅시다

보기에서 관계가 있는 것을 골라 쓰십시오.

1) 밥을 급하게 많이 먹어서 속이 불편해요. (　　)
2) 목이 붓고 기침이 심해요. (　　)
3) 아이스크림을 많이 먹어서 배가 아파요. (　　)
4) 과일과 채소를 잘 먹지 않아서 일주일 동안 화장실에 못 갔어요. (　　)

보기

감기에 걸리다　　배탈이 나다　　소화가 안 되다　　변비가 있다

Ⅱ. 들어 봅시다

1 대화를 듣고 알맞은 것을 모두 골라 ✔하십시오.

1)

❶ (　　)

❷ (　　)
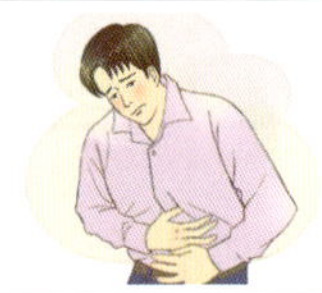
❸ (　　)

2)

❶ (　　)

❷ (　　)

❸ (　　)

3)
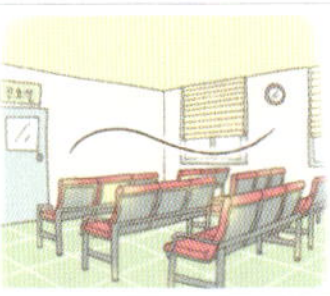
❶ (　　)

❷ (　　)

❸ (　　)

4)
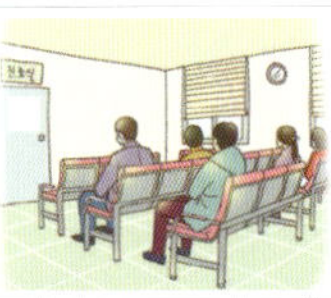
❶ (　　)

❷ (　　)

❸ (　　)

속　붓다　감기에 걸리다　환자　배탈이 나다　소화　변비　기침을 하다　열이 나다

2 이야기를 듣고 이 사람이 병원에서 한 일을 모두 고르십시오.(,   )

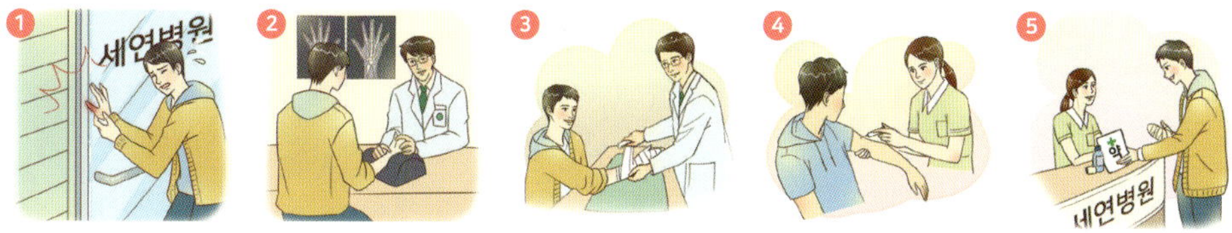

[3-4] 대화를 듣고 질문에 답하십시오.

3 주앙 씨는 어디가 어떻게 아팠습니까?

4 맞으면 O, 틀리면 X 하십시오.

1) 주앙 씨는 지난주보다 많이 좋아졌다. (   )

2) 흐엉 씨가 주앙 씨에게 병원에 가 보라고 이야기했다. (   )

[5-7] 대화를 듣고 질문에 답하십시오.

5 여자의 증세로 맞지 <u>않는</u> 것을 고르십시오. (   )

❶ 배가 많이 아프다.
❷ 소화가 잘 안 된다.
❸ 화장실에 자주 간다.
❹ 배에서 소리가 자주 난다.

6 맞는 것을 고르십시오. (   )

❶ 요즘 날씨가 춥다.
❷ 여자는 감기에 걸렸다.
❸ 약을 다 먹은 후에 꼭 병원에 와야 한다.
❹ 여자는 아이스크림과 빙수를 많이 먹었다.

7 여자는 앞으로 어떻게 해야 합니까?

넘어지다 검사 깁스를 하다 짓다 낫다 차다 심하다

요즘 날씨가 더워서 밤마다 에어컨을 켜고 잤다. 그런데 어제 아침부터 갑자기 몸이 떨리고 목도 너무 아팠다. 기침도 심한 데다가 콧물도 났다. 좀 쉬면 괜찮아질 것 같아서 푹 잤다. 자고 일어났는데 목이 더 아프고 열도 많이 났다. 그래서 집 근처에 있는 병원에 갔다.

한국 병원에 처음 가는 것이라서 좀 무섭기도 하고 걱정도 되었다. 병원에는 의사 선생님을 만나려고 기다리는 환자들이 많았다. 기다리는 동안 한국말로 어떻게 설명해야 좋을지 생각했다. 내 차례가 되어서 선생님을 만나려고 들어갔다. 의사 선생님은 아주 친절하게 어디가 언제부터 아팠는지 물어보시고 내가 대답을 할 때까지 기다려 주셨다. 내 이야기를 듣고 몇 가지를 검사하신 후에 심한 감기에 걸렸다고 말씀하셨다. 밤마다 에어컨을 켜고 자서 감기에 걸린 것 같다고 하셨다. 목이 많이 부었으니까 찬 음식을 먹으면 안 된다고 하셨다. 목을 따뜻하게 하고 약은 사흘 동안 먹으라고 하셨다. 그리고 밤에 에어컨을 계속 켜고 자면 감기가 심해질 수 있기 때문에 감기가 나을 때까지는 에어컨을 켜고 자면 안 된다고 하셨다.

몸이 아프니까 공부도 하기 싫고 생활하는 것이 너무 힘들다. 앞으로는 에어컨을 켜고 자지 말아야겠다. 빨리 감기가 나았으면 좋겠다.

1 이 사람은 왜 병원에 갔습니까?

콧물이 나다

2 맞지 않는 것을 고르십시오. (　　)

① 병원에서 몇 가지 검사를 받았다.
② 이 사람은 기침이 심하고 열도 났다.
③ 병원에 가기 전에 집에서 약을 먹었다.
④ 이 사람은 전에 한국에서 병원에 가 본 적이 없다.

3 의사가 한 말이 아닌 것을 고르십시오. (　　)

① 약을 4일 동안 드세요.
② 목을 따뜻하게 하세요.
③ 찬 음식을 드시면 안돼요.
④ 에어컨을 켜고 자면 안돼요.

Ⅳ. 따라해 봅시다

<입천장 소리 1>　/ㅈ/　/ㅉ/　/ㅊ/

주다　오른쪽　차다

- 내가 대답할 때까지 기다려 **주셨다**
- **오른쪽** 다리를 다쳤다
- **찬** 음식을 많이 먹어서 배탈이 났다

Ⅴ. 정리해 봅시다

1. 감기에 걸리면 증세가 어떻습니까?
2. 한국의 병원에 가 본 적이 있습니까? 여러분 나라의 병원과 무엇이 다릅니까?

16과 건강

2. 약국

MP3 / 39

• 학습 목표: 약의 종류와 효과를 설명하는 내용을 이해할 수 있다.

Ⅰ. 준비해 봅시다

이 사람에게 무슨 약이 필요합니까? 보기에서 관계가 있는 것을 골라 쓰십시오.

1) 다리를 다쳐서 피가 납니다. ( )
2) 밥을 많이 먹어서 소화가 안 됩니다. ( )
3) 머리가 아파서 잠을 잘 수 없습니다. ( )
4) 기침을 많이 해서 목이 쉬었습니다. ( )

보기

기침약 두통약 소독약 소화제 변비약 한약

Ⅱ. 들어 봅시다

1 대화를 듣고 무엇을 할지 알맞은 것에 ✔하십시오.

1)

❶ ( )

❷ ( )

2)

❶ ( )

❷ ( )

3)

❶ ( )

❷ ( )

4)

❶ ( )

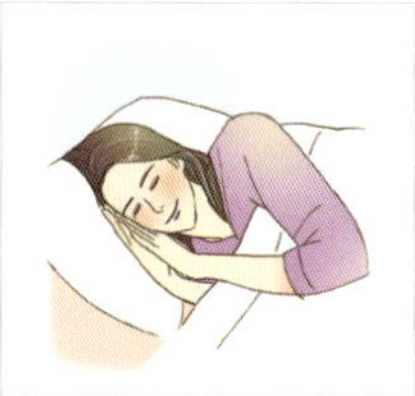

❷ ( )

기침약 소독약 소화제 두통 두통약 변비약 한약 종합 감기약

2 대화를 듣고 어떤 치료를 받아야 하는지 알맞은 것을 연결하십시오.

1) • 2) • 3) • 4) •

❶ 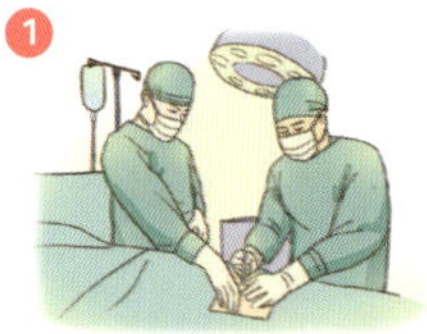
❷ 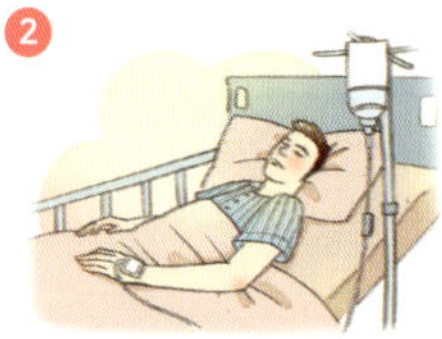
❸ 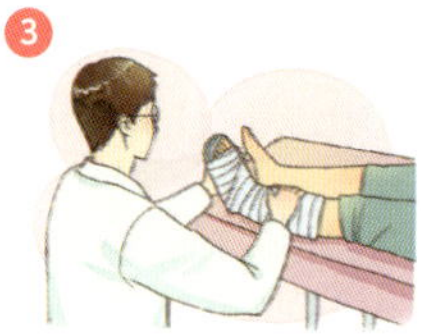
❹ 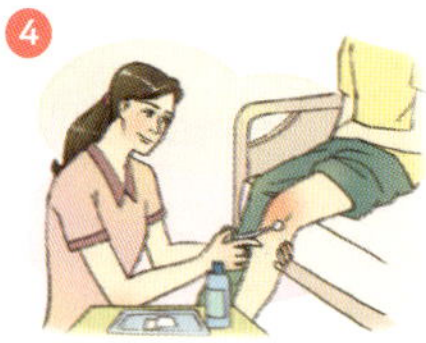

[3-4] 대화를 듣고 질문에 답하십시오.

3 존 씨가 갈 곳을 고르십시오. (　　)

❶ 집　❷ 병원　❸ 약국　❹ 편의점

4 맞으면 O, 틀리면 X 하십시오.

1) 존 씨는 약국이 어디에 있는지 모른다. (　　)
2) 노라 씨는 지금 소화제를 먹어야 한다. (　　)

[5-7] 대화를 듣고 질문에 답하십시오.

5 이 사람은 어디가 왜 아픕니까?

6 맞는 것을 고르십시오. (　　)

❶ 오늘은 주말이다.
❷ 이 사람은 평소에 물을 잘 마시지 않는다.
❸ 이 사람은 여기에 오기 전에 병원에 다녀왔다.
❹ 채소와 과일을 많이 먹으면 약을 안 먹어도 된다.

수술을 받다　바르다　입원　평소　도움

7 이 사람이 먹을 약은 무엇입니까? (   )

❶ 소화제　　❷ 감기약　　❸ 두통약　　❹ 변비약

III. 읽어 봅시다

쉬는 날이나 늦은 밤에 갑자기 아플 때 걱정 많으셨죠? 병원에 갈 수 없을 때는 약이라도 먹어야겠죠? 이 약 상자에는 급할 때 필요한 약들이 들어있기 때문에 이것만 있으면 쉽게 치료할 수 있습니다.

아이가 놀다가 넘어졌을 때 그냥 약만 바르십니까? 아주 작은 상처도 빨리 소독하지 않으면 안 됩니다. 다친 곳을 소독한 후에 약을 발라야 상처가 심해지지 않습니다.

※다친 곳에 한두 번만 발라 주시면 됩니다.

두통이 심해서 밤에 잠을 잘 못 주무십니까? 두통 때문에 일이나 공부를 할 때 힘드십니까? 이런 분들에게는 이 약이 필요합니다.

※이 약은 하루에 세 알 이상 드시면 안 됩니다.

밥을 많이 먹어서 속이 불편하십니까? 속이 불편하시거나 소화가 안 될 때는 이 약을 드시면 됩니다.

※식사를 하고 30분 후에 드셔야 합니다.

아이가 감기에 걸려서 열이 나는 데다가 기침까지 심하면 너무 걱정되시죠? 그럴 때 이 약을 먹으면 좋습니다.

※이 약은 바닥에 있는 약을 잘 섞어야 하기 때문에 흔들어서 먹지 않으면 안 됩니다.

상처　다치다　치료　알　어린이　흔들다

1 무엇을 광고하는 글입니까?

______ 는/은/ㄴ 약

2 맞는 것을 고르십시오. (   )

❶ 두통약은 하루에 4알 먹어도 된다.
❷ 이 약 상자에는 여러 가지 약이 있다.
❸ 소화제는 밥을 먹고 바로 먹어야 한다.
❹ 어린이 감기약을 먹으면 콧물이 나지 않는다.

3 맞으면 O, 틀리면 X 하십시오.

1) 작은 상처는 소독하지 않아도 된다. (   )
2) 어린이 감기약은 먹기 전에 잘 흔들어야 한다. (   )

V. 따라해 봅시다

<입천장 소리 2> /ㄷ/ + /ㅣ/ → [ㅈ]

굳이[구지] 해돋이[해도지]

/ㅌ/ + /ㅣ/ → [ㅊ]

같이[가치] 닫히다[다치다]

- **굳이** 약국까지 가지 않아도 약을 살 수 있어요.
- 이 약은 우유와 **같이** 먹으면 안 돼요.
- 문이 갑자기 **닫혀서** 손을 다쳤어요.

V. 정리해 봅시다

1. 여러분은 한국 약국에 가 본 적이 있습니까? 무슨 약을 사러 갔습니까?
2. 감기에 걸렸을 때 어떻게 하면 좋습니까?

복습

MP3 / 40

1 대화를 듣고 질문에 답하십시오.

1) **두 사람은 무엇을 이야기하지 않았습니까? (　　)**

① 날짜　② 자리
③ 메뉴　④ 사람 수

2) **맞지 않는 것을 고르십시오. (　　)**

① 노라 씨는 이 식당에 가 본 적이 있다.
② 이 식당에는 주차장이 있어서 차를 가지고 와도 된다.
③ 주말에 창가 자리에 앉으려면 예약을 일찍 해야 한다.
④ 노라 씨는 지난번에 앉았던 창가 자리에 다시 앉을 것이다.

3) **왜 직원이 주차를 도와줍니까?**

2 다음을 읽고 질문에 답하십시오.

그제 저녁에 친구들과 함께 멋있는 레스토랑에 갔다. 분위기도 좋은 데다가 음식도 정말 맛있어서 평소보다 많이 먹었다.

그런데 음식을 먹은 후에 속이 안 좋고 배가 아프기 시작했다. 다른 친구들은 괜찮았는데 나만 배가 너무 아팠다. 화장실에도 여러 번 가고 속이 계속 불편했다. 약을 먹었지만 계속 배가 아파서 지난번에 감기에 걸렸을 때 갔던 병원에 갔다.

병원에서 조금 기다린 후에 의사 선생님을 만났다. 선생님께서는 언제부터 아팠는지 어떻게 아픈지 말해 달라고 하셨다. 선생님은 내가 배탈이 심하게 났다고 하셨다. 빨리 나으려면 음식을 조심하라고 하셨다. 또 쉬는 것이 중요하기 때문에 너무 무리하지 말라고 하셨다. 그리고 약도 잘 먹으라고 하셨다.

배가 아파서 화장실에 자주 가니까 잠도 잘 잘 수 없고 너무 힘들다. 약을 먹고 빨리 나았으면 좋겠다.

1) 이 사람은 왜 병원에 갔습니까?

2) 맞는 것을 고르십시오. (　　)

❶ 이 사람은 약을 먹고 변비가 많이 좋아졌다.
❷ 이 사람은 전에 감기에 걸려서 이 병원에 갔다.
❸ 이 사람과 같이 밥을 먹은 사람들이 모두 아프다.
❹ 이 사람이 간 식당은 분위기가 좋았지만 음식은 맛이 없었다.

문화

편의점에서 살 수 있는 약

약은 약국에서만 살 수 있을까요? 요즘에는 편의점에서도 약을 살 수 있습니다. 늦은 밤이나 주말에 약국이 문을 닫았을 때도 편의점에 가면 진통제, 소화제, 소독약, 파스, 해열제, 감기약 등 생활에 필요한 약들이 준비되어 있습니다. 그러나 약을 너무 많이 먹으면 문제가 생길 수 있기 때문에 똑같은 약을 한 번에 여러 개 사면 안 됩니다. 급하게 약이 필요할 때는 편의점을 한번 이용해 보세요.

1. 편의점에서는 무슨 약을 살 수 있습니까?
2. 여러분의 고향에서는 약국이 아닌 곳에서 약을 살 수 있습니까?

훌륭하다　주차장　무리하다

17과 취미

1. 취미 소개

MP3 / 41

• 학습 목표: 다양한 취미를 소개하는 내용을 이해할 수 있다.

Ⅰ. 준비해 봅시다

어떤 영화를 좋아합니까? 연결하십시오.

1)  저는 무서운 영화를 정말 좋아해요. • • ❶ 코미디 영화

2)  재미있는 영화를 보고 크게 웃으면 기분이 좋아져요. • • ❷ 액션 영화

3)  저는 미래 세상에 관심이 많아서 그런 영화를 자주 봐요. • • ❸ 공포 영화

4)  제 아내는 로맨틱한 영화를 좋아하지만 저는 액션 장면이 많은 영화를 좋아해요. • • ❹ 공상과학영화

Ⅱ. 들어 봅시다

1 문장을 듣고 알맞은 그림을 고르십시오.

1) (   )

2) (   )

3) (   )

4) (   )

❶

❷

❸

❹

코미디 액션 공포 공상 과학 웃다 미래 세상 로맨틱하다 장면 거의

2 이야기를 듣고 언니가 아주 잘하거나 자주 하는 것에 모두 ✔하십시오.

노래	
춤	
한국말	
한국 영화	

[3-4] 대화를 듣고 질문에 답하십시오.

3 에릭 씨와 흐엉 씨의 취미는 무엇입니까?

에릭	흐엉

4 맞으면 O, 틀리면 X 하십시오.

1) 에릭 씨는 시간이 없어서 볼링장에 못 간다. ( )

2) 흐엉 씨는 베트남 요리를 맛있게 만들 수 없다. ( )

[5-7] 대화를 듣고 질문에 답하십시오.

5 레오 씨와 올리비아 씨의 취미는 무엇입니까? 모두 연결하십시오.

1) 레오 • • ① 여행

2) 올리비아 • • ② 사진 찍기

6 레오 씨가 생각하는 여행의 좋은 점은 무엇입니까? ( )

① 많은 경험을 할 수 있다.

② 유명한 곳을 가볼 수 있다.

③ 예쁜 사진을 찍을 수 있다.

④ 친구들을 많이 사귈 수 있다.

이상하다 볼링 즐기다

7 맞으면 ○, 틀리면 X 하십시오.

1) 레오 씨는 외국 사람들과 여행을 많이 했다. (　　)

2) 올리비아 씨는 한국에서 바빠서 취미 생활을 자주 즐기지 못했다. (　　)

Ⅲ. 읽어 봅시다

12 | 연세

한국 사람들은 취미 생활로 무엇을 많이 할까?

한국 사람들은 취미 생활로 무엇을 많이 할까? 15세부터 60세까지의 남녀 3,000명에게 물어본 결과이다.

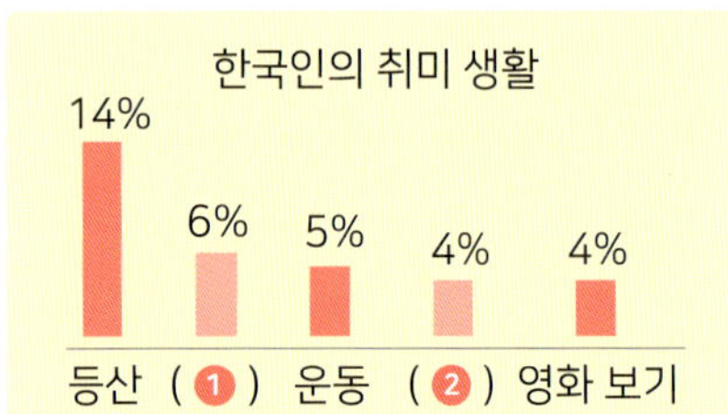

❶ ____________________

❷ ____________________

취미 생활 중에서 한국 사람들에게 등산(14%)만큼 인기가 있는 것은 없다. 그 다음으로 한국 사람들이 많이 즐기는 것은 음악 듣기(6%)이다. 운동(5%), 게임(4%), 영화 보기(4%) 등도 자주 한다.

40대 이후의 사람들은 취미 생활로 등산을 제일 많이 한다. 그러나 20대는 음악 듣기를 많이 즐긴다. 그리고 음악을 듣는 것만큼 영화도 자주 본다. 혼자 있을 때는 음악을 많이 듣고 친구들을 만났을 때는 영화를 많이 본다고 한다.

그럼 한국 사람들은 어떤 영화를 좋아할까? 한국 사람들이 가장 좋아하는 영화 종류는 액션(26%)이다. 공상과학영화(20%), 드라마(12%), 로맨틱 코미디(10%)도 좋아한다.

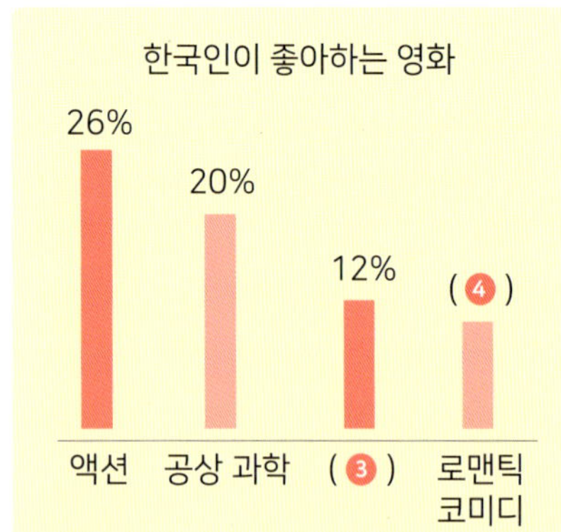

❸ ____________________

❹ ____________________

남자는 모든 나이의 사람들이 액션 영화를 제일 좋아하고 자주 본다. 여자도 제일 좋아하는 영화가 액션이다. 그러나 대부분의 여자들이 액션을 좋아해도 10대 여자는 로맨틱 코미디를 액션보다 더 좋아한다고 한다.

세　결과　등　이후　드라마

1 글을 읽고 그래프의 빈칸을 채우십시오.

2 맞는 것을 고르십시오. (　　)

❶ 모든 나이의 사람들이 등산을 제일 자주 한다.
❷ 모든 나이의 남자들이 액션 영화를 제일 좋아한다.
❸ 한국 사람들에게 하고 싶은 취미 생활을 물어봤다.
❹ 한국 사람들은 취미 생활로 등산만큼 운동도 자주 한다.

3 맞으면 O, 틀리면 X 하십시오.

1) 20대는 취미 생활로 음악 듣기보다 영화 보기를 더 즐긴다. (　　)
2) 10대 여자들은 액션 영화보다 로맨틱 코미디를 더 좋아한다. (　　)

IV. 따라해 봅시다

<혀끝소리 1> /ㄷ/ /ㄸ/ /ㅌ/
등산 때 베트남
- 제 취미는 **등산이에요.**
- 시간이 있을 **때면** 음악을 듣습니다.
- 저는 **베트남** 요리를 잘 만들어요.

V. 정리해 봅시다

1. 여러분의 취미는 무엇입니까?
2. 그 취미 생활을 하면 어떤 점이 좋습니까?

17과 취미

2. 취미 활동

MP3 / 42

• 학습 목표: 취미 활동을 설명하는 내용을 이해할 수 있다.

Ⅰ. 준비해 봅시다

1)과 2)에 있는 단어를 연결해서 문장을 만드십시오.

1)			
동전	당구	연극	피아노
게임	강아지	우표	볼링
낚시	드럼	만화책	화분

2)		
하다	치다	보다
키우다	모으다	

예) 저는 초등학교 때 우표를 모았어요.

Ⅱ. 들어 봅시다

1 이야기를 듣고 이 사람이 할 줄 아는 것에 모두 ✔하십시오.

① (　　　　)

② (　　　　)

③ (　　　　)

④ (　　　　)

⑤ (　　　　)

동전　당구　연극　피아노　강아지　우표　드럼　키우다　모으다　잡다

2 이야기를 듣고 거실에서 가족들과 관계있는 것을 찾아 연결하십시오.

나

[3-4] 대화를 듣고 질문에 답하십시오.

3 우진 씨와 에릭 씨가 할 줄 아는 것에 모두 ✔하십시오.

	우진	에릭
당구		
농구		
볼링		

4 맞으면 O, 틀리면 X 하십시오.

1) 에릭 씨는 미국에 있을 때 농구를 자주 했다. ( )

2) 두 사람은 오늘 퇴근 후에 당구를 치러 갈 것이다. ( )

[5-7] 대화를 듣고 질문에 답하십시오.

5 주앙이와 하늘이가 할 줄 아는 악기는 무엇입니까?

주앙	하늘

소파 책장 밴드 모습 악기

6 맞는 것을 고르십시오. (   )

❶ 주앙이는 기분이 나쁠 때 드럼을 친다.
❷ 사진에 주앙이가 고등학교 때 드럼을 치던 모습이 있다.
❸ 주앙이는 고등학교 때 드럼을 쳤지만 지금은 잘 못 친다.
❹ 하늘이는 초등학교 때부터 지금까지 계속 피아노를 배운다.

7 맞으면 O, 틀리면 X 하십시오.

1) 하늘이는 초등학교 때 피아노를 아주 잘 쳤다. (   )
2) 주앙이는 하늘이에게 드럼을 배울 것이다. (   )

III. 읽어 봅시다

Q : 안녕하세요? 한국에서 한국어를 공부하고 있는 외국인 학생입니다. 아직 한국어를 잘 못하는데요, 한국어 공부에 도움이 되는 취미 활동이 있을까요? 유학생이라서 무료로 할 수 있으면 더 좋겠습니다.

A : 안녕하세요? 저는 한국에 온 지 5년쯤 된 사람인데요, 제가 처음 왔을 때 자주 하던 것들을 소개해 드리겠습니다. 한국어를 잘 못해도 조금만 할 줄 알면 쉽고 재미있게 할 수 있는 취미 활동들입니다.

1. 한국 친구와 펜팔

편지나 이메일로 하던 펜팔을 요즘에는 모바일 앱이나 에스엔에스(SNS)로 더 쉽고 편하게 할 수 있습니다. 펜팔을 하면 한국 친구를 사귈 수도 있고 한국어나 문화도 배울 수 있습니다.

2. 예쁜 글씨 쓰기

손으로 예쁜 글씨를 쓰는 것도 좋은 취미 활동이 될 수 있습니다. 글씨를 디자인하는 것이라서 한국어를 잘 할 줄 몰라도 괜찮습니다. 종이하고 연필만 있으면 할 수 있고 한국말을 많이 써서 한국어 공부에도 도움이 됩니다.

3. 블로그에 일기 쓰기

블로그를 만들 줄 아시지요? 그럼 한국어로도 블로그를 만들어 보십시오. 블로그에 한국 생활을 일기 같이 쓰면 한국어 공부에 많이 도움이 됩니다. 사진과 함께 올리면 나중에 고향에 돌아간 후에도 한국에서 즐겨 먹던 음식이나 자주 가던 곳을 기억할 수 있어서 좋을 겁니다.

펜팔 옛날

1 이 사람은 어떤 취미 활동을 찾고 있습니까?

______ 고 ______ 는/은/ㄴ 취미 활동

2 맞지 않는 것을 고르십시오. (   )

❶ 옛날에는 편지나 이메일로 펜팔을 했다.
❷ 블로그에 일기를 쓸 때 사진을 같이 올리면 좋다.
❸ 예쁜 글씨 쓰기를 하려면 종이와 연필이 필요하다.
❹ 이 취미 활동들을 하려면 한국말을 잘 할 줄 알아야 한다.

3 맞으면 O, 틀리면 X 하십시오.

1) 예쁜 글씨 쓰기를 하면 한국 문화도 배울 수 있다. (   )
2) 블로그에 일기를 쓰면 한국 생활을 잘 기억할 수 있다. (   )

Ⅳ. 따라해 봅시다

<혀끝소리 1> /ㅅ/ /ㅆ/

사람 비싸서 쓰기

- 저 **사람은** 취미로 한국어를 배워요.
- 스키를 좋아하지만 **비싸서** 자주 못 타요.
- 글씨를 예쁘게 **쓰기** 위해서 연습하고 있어요.

Ⅴ. 정리해 봅시다

1. 고향에서/어렸을 때 즐기던 취미 활동은 무엇입니까?
2. 요즘은 어떤 취미 활동을 자주 합니까?
   또는 해 보고 싶은 취미 활동이 있습니까?

18과 계획

1. 방학 계획

MP3 / 43

• 학습 목표: 방학과 여행 계획을 세우는 내용을 이해할 수 있다.

Ⅰ. 준비해 봅시다

다음 그림에 맞게 보기 에서 골라 순서대로 쓰십시오.

1) "여름 방학에 프랑스 여행을 가야겠다."

(　　　　　　　　)

2) "아르바이트를 해서 여행비부터 벌고 출발!"

(　　　　　　　　)

3) "7월 1일에 출발하는 비행기로 날짜를 바꾸고 싶은데요."

(　　　　　　　　)

4) "중요한 영어 시험이 있어서 여행을 못 가게 됐어요."

(　　　　　　　　)

보기

계획이 있다	계획을 세우다
계획을 취소하다	계획을 연기하다

Ⅱ. 들어 봅시다

1 문장을 듣고 알맞은 대답을 연결하십시오.

1) •　　　　• ① 전 친구들과 함께 가면 어디든지 좋아요.

2) •　　　　• ② 학생증이 있으면 누구든지 들어갈 수 있어요.

3) •　　　　• ③ 저는 언제든지 괜찮으니까 두 사람이 결정하세요.

4) •　　　　• ④ 여행비가 필요해서 무슨 일이든지 할 생각이에요.

벌다　취소하다　연기하다

2 대화를 듣고 우리 반 친구들의 방학 계획을 찾아 연결하십시오.

1) 유키 • 2) 리타오 • 3) 노라 • 4) 주앙 •

• ① • ② • ③ • ④

[3-4] 대화를 듣고 질문에 답하십시오.

3 에릭 씨의 휴가 계획은 무엇입니까?

4 맞으면 ○, 틀리면 X 하십시오.

1) 에릭 씨는 올리비아 씨와 함께 휴가 계획을 세우고 있다. ( )

2) 에릭 씨는 미리 계획을 세우는 것이 좋다고 생각한다. ( )

[5-7] 대화를 듣고 질문에 답하십시오.

5 두 사람은 무슨 이야기를 하고 있습니까? ( )

① 여행에서 할 일
② 여행 계획 세우기
③ 여행 장소 고르기
④ 비행기와 호텔 결정하기

6 흐엉 씨와 주앙 씨하고 관계있는 내용을 연결하십시오.

1) 흐엉 •
2) 주앙 •

• ① 뭐든지 계획을 세우고 한다.
• ② 계획대로 안 되면 스트레스를 받는다.
• ③ 계획 없이 하고 싶은 일을 하는 것을 좋아한다.
• ④ 계획을 세우면 짧은 시간에 더 많은 일을 할 수 있다.

학원 낮 쌓다 케이티엑스(KTX) 순서대로 계획대로

7 계획을 세웠다가 꼭 하고 싶은 일이 생기면 어떻게 하면 됩니까? 흐엉 씨의 생각을 쓰십시오.

Q&A

제 목	올해 대학에 입학한 신입생입니다.

올해 대학에 입학한 신입생입니다.
첫 여름 방학이 되는데 뭘 해야 할지 모르겠습니다.
선배님들의 경험을 듣고 싶습니다.
긴 방학 기간 동안 제가 뭘 하면 좋을까요?

↳

선배1

저는 지금 생각해 보면 1학년 여름 방학을 참 계획 없이 보낸 것 같아요. 아무것도 안 하고 참 게을렀어요. 그러니까 방학이 끝나고 남는 것이 하나도 없던데요. 계획을 세워서 아르바이트를 하거나 운전 학원에서 운전을 배워 보는 게 어때요? 무슨 일이든지 계획을 세우고 중요한 일부터 해 보세요. 돈도 조금 벌어 보고 여러 가지 경험도 쌓아 보세요. 아마 기억에 남는 방학이 될 거예요.

↳

선배2

1학년 때는 바쁘지 않으니까 뭐든지 하고 싶은 것을 해 보는 게 어때요? 조금 더 지나면 방학 때 공부도 해야 하고 회사에 들어갈 준비도 해야 해서 방학이어도 쉴 시간이 하나도 없어요. 1학년 여름 방학이 제일 한가한 시간이니까 여행 계획을 세우거나 하고 싶었던 일에 도전해 보는 건 어때요?

게으르다 도전하다

1 이 글에서 이야기하고 있는 것은 무엇입니까? (   )

❶ 여행 계획
❷ 방학 계획
❸ 계획을 세우는 방법
❹ 계획 세우기의 장점

2 선배1과 선배2의 생각과 관계있는 내용을 연결하십시오.

1) 
선배1

2) 
선배2

❶ 방학 때 가고 싶은 곳을 여행한다.
❷ 계획을 세우고 중요한 일부터 한다.
❸ 돈을 벌어 보는 것도 좋은 경험이다.
❹ 방학 때 여러 가지 경험을 쌓아 본다.
❺ 1학년 방학이 제일 한가하니까 하고 싶은 일을 한다.

3 맞으면 O, 틀리면 X 하십시오.

1) 이 신입생은 방학 때 뭘 해야 할지 잘 모른다. (   )
2) 1학년 여름 방학에는 무슨 일이든지 해서 돈을 벌어야 한다. (   )

IV. 따라해 봅시다

<입술소리> /ㅂ/ /ㅃ/ /ㅍ/ /ㅁ/
방학 빠르다 편하다 무슨

- **방학**에 부산에 갈까요?
- 케이티엑스(KTX)가 **빠르고 편하던데요.**
- **무슨** 일이든지 계획을 세우세요.

V. 정리해 봅시다

1. 여러분은 방학에 무슨 계획이 있습니까?
2. 여러분은 여행 갈 때 계획을 자세히 세웁니까? 세우지 않습니까?

18과

계획

2. 졸업 후의 계획

MP3 / 44

• 학습 목표: 졸업 후의 계획이나 미래의 결혼 계획에 대한 내용을 이해할 수 있다.

Ⅰ. 준비해 봅시다

보기 에서 알맞은 말을 골라 빈칸에 쓰십시오.

오늘 친구들과 졸업 후의 계획을 이야기했다. 어떤 친구는 대학원에 입학하고, 어떤 친구는 회사에 들어간다고 한다. 또 무엇을 해야 할지 아직 (   )지 못한 친구도 있고 벌써 혼자 (   )는 친구도 있다. 나는 미국에서 (   )은/ㄴ 후에 한국에 돌아와서 일을 하려고 한다. 다음 달에 (   )을/ㄹ 계획이다. 결혼은 한 10년 정도 후에 하고 싶다.

보기

결정하다　　유학하다　　출국하다　　사업을 하다

Ⅱ. 들어 봅시다

1 문장을 듣고 알맞은 대답을 연결하십시오.

1) •	•	❶ 이제 두 달밖에 안 남았어요.
2) •	•	❷ 자기 소개서밖에 준비 못 했어요.
3) •	•	❸ 저는 영어밖에 할 줄 아는 것이 없어요.
4) •	•	❹ 날마다 하는 일이니까 시간이 조금밖에 안 걸려요.

결정하다　유학하다　출국하다　사업을 하다　한　정도

2 대화를 듣고 맞는 그림에 ✔하십시오.

1)

❶ (　　)

❷ (　　)

2)

❶ (　　)

❷ (　　)

3)

❶ (　　)

❷ (　　)

4)

❶ (　　)

❷ (　　)

[3-4] 대화를 듣고 질문에 답하십시오.

3 우진 씨가 가장 먼저 할 일은 무엇입니까?

____

4 맞으면 ○, 틀리면 X 하십시오.

1) 우진 씨는 결혼 준비가 빨리 끝날 거라고 생각했다. (　　)

2) 우진 씨는 친구의 결혼 준비를 도와줄 것이다. (　　)

[5-7] 대화를 듣고 질문에 답하십시오.

5 두 사람은 무슨 이야기를 하고 있습니까? (　　)

❶ 졸업 후 계획　　❷ 졸업식 때 할 일

❸ 유학 계획 세우기　　❹ 대학원 입학 계획

6 윤아 씨가 하고 싶어 하는 일은 무엇입니까? 모두 쓰십시오.

__________　__________　__________

관계　걱정이 되다

7 맞으면 ○, 틀리면 X 하십시오.

1) 존 씨는 1년 후에 졸업을 할 것이다. (　　)

2) 존 씨는 혼자 살아서 시간이 천천히 갔다고 생각한다. (　　)

III. 읽어 봅시다

대학교 졸업까지 한 1년 정도 남았다. 그런데 나는 아직 미래에 무엇을 해야 할지 결정하지 못했다. 지금 하고 싶은 일이 많아서 뭐부터 해야 할지 아직 생각 중이다.

나는 경제학을 공부하고 있는데, 은행이나 증권사에서 일을 하면서 여러 가지 경험을 쌓고 돈도 많이 벌고 싶다. 돈을 모아서 휴가 때마다 여러 나라에 여행을 가는 것도 좋을 것 같다.

그런데 대학원에서 경제학을 더 자세히 공부하고 싶은 마음도 있다. 대학원에 들어가려면 전공 공부도 열심히 해야 하고 영어와 한국어도 더 잘해야 한다. 작년부터 매주 미국 친구와 언어 교환을 하고 있다. 두 가지 언어를 공부하는 것이 힘들 줄 알았는데 생각보다 재미있게 하고 있다.

마지막으로 나는 빵을 만드는 취미가 있는데 프랑스에 유학을 가서 빵 만드는 것을 배우고 싶은 꿈도 있다. 나중에 고향에 돌아가서 세상에서 제일 맛있는 빵을 파는 빵집을 열고 싶다.

하고 싶은 일이 너무 많아서 아직 뭐부터 해야 할지 결정하지 못했다. 앞으로 하나하나 계획을 세워서 해볼 생각이다.

증권사　매주

1 이 사람이 졸업한 후 하고 싶어 하는 일이 <u>아닌</u> 것은 무엇입니까? (　　)

❶ 회사에서 일하기　　❷ 대학원에서 공부하기
❸ 유학 가서 경제학 공부하기　　❹ 프랑스에서 빵 만드는 것 배우기

2 이 사람은 고향에 돌아가서 무엇을 하고 싶어 합니까?

3 맞으면 O, 틀리면 X 하십시오.

1) 이 사람은 대학교에서 경제학을 공부하고 있다. (　　)

2) 이 사람은 졸업 후에 제일 먼저 뭘 할지 결정하지 못했다. (　　)

V. 따라해 봅시다

<받침소리 1> /ㅂ, ㅍ, ㅄ/ → [ㅂ]

사업　갚겠다　없다

- **사업** 설명회에 다녀왔어요.
- 다음 달까지 빌린 돈을 꼭 **갚겠다**.
- 이번 주말에 특별한 계획이 **없다**.

V. 정리해 봅시다

1. 여러분은 한국어 공부를 한 후에 무슨 계획이 있습니까?
2. 인생 계획을 세워 보십시오. 무슨 일을 하고 싶습니까?

MP3 / 45

1 다음을 읽고 질문에 답하십시오.

레오의 한국 생활 (가)

1. 한국어 공부를 열심히!

한국 사람만큼 한국말을 잘할 수 있게 열심히 공부한다. 나중에 '레오의 프랑스 요리 교실'을 열어서 한국 사람에게 프랑스 요리를 가르치려면 한국말을 정말 잘할 줄 알아야 한다.

2. 요리 연습도 열심히!

프랑스 식당에서 맛있게 요리하던 방법을 잊어버리지 않게 열심히 연습한다. 그리고 한국 요리도 열심히 배우고 잘할 수 있게 연습한다. 프랑스 요리밖에 모르면 한국에서 성공할 수 없다!

3. 항상 가족과 함께하기!

사람들은 성공하면 가족도 모두 행복해지는 줄 안다. 하지만 나의 성공과 가족의 행복은 다른 것이다. 가족의 행복을 위해서 무슨 일이든지 가족과 함께하고 취미 생활도 함께 즐긴다.

힘들어도 이(가)은/는 꼭 지킨다~!!!

1) (가)에 알맞은 말을 고르십시오.

① 예약 ② 부탁 ③ 계획 ④ 주문

2) 맞는 것을 고르십시오. ( )

① 레오 씨는 프랑스에 있는 식당에서 한국 요리를 연습했다.
② 레오 씨는 프랑스 사람에게 한국 요리를 가르치고 싶어 한다.
③ 레오 씨는 레오 씨가 성공하면 가족도 행복하다고 생각한다.
④ 레오 씨는 뭐든지 가족과 함께 하는 것이 중요하다고 생각한다.

3) 맞으면 O, 틀리면 X 하십시오.

① 레오 씨는 '프랑스 요리 교실'을 열려고 한국말을 열심히 공부한다. ( )
② 레오 씨는 한국에서 성공하려면 프랑스 요리와 한국 요리를 모두 잘해야 한다고 생각한다. ( )

2 대화를 듣고 질문에 답하십시오.

1) **두 사람의 취미는 무엇입니까? 모두 쓰십시오.**

흐엉	유키

2) **맞지 않는 것을 고르십시오. ( )**

❶ 흐엉 씨는 베트남 요리만 할 줄 안다.

❷ 유키 씨는 레오 씨가 한국 요리를 잘하는지 몰랐다.

❸ 레오 씨는 오후에 일하기 때문에 요리를 가르쳐 줄 수 없다.

❹ 레오 씨는 나중에 한국 사람들에게 요리를 가르쳐 주고 싶어 한다.

문화

한국의 흥행 영화

한국에서는 영화 관객이 1,000만 명을 넘으면 크게 흥행했다고 봅니다. 2017년까지 관객 수 1,000만 명이 넘은 영화는 총 15편입니다. 흥행에 성공한 영화는 역사적인 사건을 배경으로 한 영화가 가장 많습니다(명량, 암살, 태극기 휘날리며 등). 그리고 가족 간의 사랑(7번 방의 선물, 해운대 등)이나 사회적 문제(베테랑, 택시 운전사 등)를 다룬 영화도 많습니다.

1. **한국에서는 어떤 영화가 크게 흥행했습니까?**
2. **여러분 나라에서는 어떤 영화가 인기가 많습니까?**

성공하다 항상

19과 여행

1. 호텔 예약

MP3 / 46

• 학습 목표: 숙박 시설을 예약하고 묘사하는 내용을 이해할 수 있다.

Ⅰ. 준비해 봅시다

이야기를 읽고 표의 빈칸에 알맞은 단어를 보기에서 골라 쓰십시오.

다음 주에 친구와 부산에 가요. 금요일에 출발해서 일요일에 돌아올 거예요. 값도 비싸지 않고 주변 풍경도 좋은 호텔을 예약했어요. 부산까지 케이티엑스(KTX)를 타고 가려고 했는데 친구가 고속버스가 더 싸다고 해서 버스를 타고 갈 거예요.

1) ______ : 부산
2) ______ : 호텔
3) ______ : 2박 3일
4) ______ : 고속버스

보기

여행 기간　　숙박 시설　　여행지　　교통편

Ⅱ. 들어 봅시다

1 동아리의 여름 여행 계획입니다. 대화를 듣고 빈칸에 알맞은 수를 쓰십시오.

1) 여행 기간: ____ 박 ____ 일
2) 가는 사람: ______ 명
3) 예약할 방: ______ 개
4) 회비: ______ 원

주변　여행지　여행 기간　-박 -일　숙박 시설　교통편　회비

2 이야기를 듣고 이 사람이 말한 여행 계획의 순서대로 번호를 쓰십시오.

① 여행지 결정하기
② 교통편 알아보기
③ 숙박 시설 고르기
④ 여행 기간 결정하기
⑤ 인터넷 글 읽어 보기

( ) → (④) → ( ) → ( ) → ( )

[3-4] 대화를 듣고 질문에 답하십시오.

3 윤아는 왜 펜션에 전화를 했습니까?

4 맞으면 O, 틀리면 X 하십시오.

1) 윤아는 이 펜션에서 1박 2일 숙박할 것이다. ( )
2) 윤아는 바비큐를 한 후에 수영을 할 것이다. ( )

[5-7] 대화를 듣고 질문에 답하십시오.

5 두 사람은 이 이야기를 하기 전에 무슨 이야기를 했을까요? ( )

① 여행지 ② 여행 일정 ③ 여행 기간 ④ 숙박 시설

6 두 사람은 어디에서 숙박하겠습니까? 왜 그렇게 결정했습니까?

바비큐 이용하다 전망 해변 요금 여행 일정

7 맞지 않는 것을 고르십시오. (　　)

❶ 하늘이가 갔던 호텔은 전망이 좋다.
❷ 호텔의 숙박 요금이 생각보다 비싸다.
❸ 하늘이는 친구들과 이 여행지에 간 적이 있다.
❹ 두 사람은 숙박 시설을 결정한 뒤에 교통편을 알아볼 것이다.

호텔스닷넷 (hotels.net)

특가 호텔　숙박 시설 추가　도움말　　　예약 및 로그인　내 예약 정보

호텔 검색

제주도

체크인 20**/8/12　체크아웃 20**/8/13　1박

검색

제주 Y호텔

가격 178,000원부터
체크인 시간 14:00~23:00
체크아웃 시간 11:00
인터넷 무료 wifi
식사 호텔 안에 식당이 3개, 커피숍이 1개 있습니다.
시설 수영장을 24시간 이용하실 수 있습니다. 회의실 사용을 미리 신청하시면 빌려 드립니다.
서비스 프런트에서 관광이나 렌터카 안내를 해 드립니다. 세탁과 무료 신문 서비스도 있습니다.

hotels.net 고객 이용 후기

rie_90
공항에서 호텔까지 찾아가기 좋았습니다. 호텔에서 관광지 어디든지 쉽게 갈 수 있었고요. 건물이 오래되어서 마음에 들지 않았지만 호텔 앞 해변이 너무 아름다워서 식사한 뒤에 자주 나가서 산책했습니다.

ys1223
아이와 함께 숙박하기 아주 좋은 곳입니다. 수영장이 커서 아이들이 아주 좋아했어요. 하지만 수영장 물이 너무 차가워서 그건 좀 별로였습니다.

jejusarang
렌터카를 빌리려고 했는데 직원분이 아주 친절하게 안내해 주셨습니다. 기념품을 살 수 있는 곳도 알려 주셨고요. 정말 감사합니다. 다음에도 Y호텔을 이용할 거예요.

다른 호텔을 보려면 **여기를 클릭!**

체크인　체크아웃　프런트　렌터카　기념품

1 이 글은 어디에서 볼 수 있습니까? (   )

❶ 여행 블로그 ❷ 호텔 홈페이지
❸ 여행사 홈페이지 ❹ 호텔 예약 사이트

2 맞는 것을 고르십시오. (   )

❶ Y호텔에는 여러 가지 서비스가 있다.
❷ Y호텔은 교통이 조금 불편한 곳에 있다.
❸ Y호텔의 프런트에서 기념품을 살 수 있다.
❹ Y호텔의 회의실은 언제든지 이용할 수 있다.

3 Y호텔의 안 좋은 점 두 가지를 찾아서 쓰십시오.

1) ______________________

2) ______________________

IV. 따라해 봅시다

<받침소리 2> /ㄷ, ㅌ, ㅅ, ㅆ, ㅈ, ㅊ/ → [ㄷ]

닫지 [닫찌] 맡기고 [맏끼고] 옷 [옫]

준비했다 [준비핻따] 찾겠습니다 [찯껟씀니다] 몇 [멷]

- 숙박 시설은 휴일에 문을 **닫지** 않습니다.
- 호텔에 짐을 **맡기고** 시내를 구경한 후에 다시 **찾겠습니다**.
- 여행을 위해서 가방을 사고 **옷**도 **몇** 벌이나 **준비했다**.

V. 정리해 봅시다

1. 숙박 시설을 예약한 적이 있습니까? 어떻게 했습니까?
2. 숙박 시설을 결정할 때 가장 중요한 것이 무엇입니까?

19과

여행

2. 여행 가고 싶은 곳

MP3 / 47

• 학습 목표: 여행지에 대한 정보를 나누고 여행할 만할 곳을 추천하는 내용을 이해할 수 있다.

Ⅰ. 준비해 봅시다

문장을 읽고 알맞은 단어를 연결하십시오.

1)	다른 나라로 여행을 가려고 해요.	❶ 수학여행
2)	학교 친구들과 같이 가서 수업 시간에 배운 유물을 볼 수 있어요.	❷ 신혼여행
3)	신랑과 신부가 결혼식을 하고 갑니다.	❸ 단체 관광
4)	여행 가이드가 있어서 편하지만 여러 명이 같이 다녀야 해요.	❹ 해외여행

Ⅱ. 들어 봅시다

1 문장을 듣고 맞는 그림을 (가)와 (나)에서 하나씩 고르십시오.

1) (,)	2) (,)	3) (,)	4) (,)

(가)

❶

❷

❸

❹

(나)

❺

❻

❼

❽

수학여행 단체 관광 해외여행 유물 가이드

2 대화를 듣고 주앙 씨가 하기로 한 것에 ✔하십시오.

1)

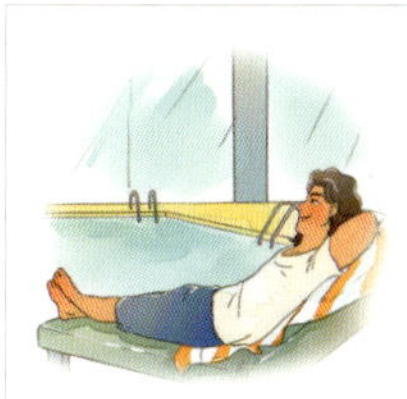

❶ (　　) ❷ (　　)

2)

❶ (　　) ❷ (　　)

3)

❶ (　　) ❷ (　　)

4)

❶ (　　) ❷ (　　)

[3-4] 대화를 듣고 질문에 답하십시오.

3 유키 씨가 호주에서 가지 않을 곳은 어디입니까? (　　)

❶ 오페라 하우스　❷ 박물관　❸ 미술관　❹ 국립 공원

4 맞으면 O, 틀리면 X 하십시오.

1) 유키는 시드니에 가서 바로 오페라 하우스를 구경할 것이다. (　　)

2) 국립 공원에서 바다를 볼 수 있기 때문에 사람들이 좋아한다. (　　)

[5-7] 대화를 듣고 질문에 답하십시오.

5 빈칸에 맞는 도시의 이름을 쓰십시오.

리타오 씨가 여행할 곳	
수학여행을 많이 가는 곳	

6 '한옥 마을'은 어떤 곳입니까?

__________ 을/를 많이 볼 수 있는 곳

오페라 하우스　국립　전주　한옥 마을　볼거리　먹을거리

7 맞는 것을 고르십시오. (   )

❶ 리타오 씨의 친구가 경주에 가자고 했다.
❷ 레오 씨는 전주에 가서 역사 공부를 했다.
❸ '한옥 마을'에서는 사진을 찍으면 안 된다.
❹ 리타오 씨는 수업이 끝나고 바로 친구를 만날 것이다.

III. 읽어 봅시다

다음 달 연휴에 여행을 떠나기로 한 분들이 많으실 겁니다. 올해 달력을 보자마자 비행기 표를 예약하신 분들도 있을 거고요. 아직 계획을 세우지 못하신 분들도 너무 걱정하지 마세요. 아직 늦지 않았으니까 지금부터 알아보면 돼요. 오늘은 이번 연휴에 떠나기 좋은 해외 여행지 세 곳을 소개하겠습니다.

1. 홍콩

화려한 도시 여행을 좋아하는 분들은 홍콩에 가 보십시오. 볼거리가 많은 데다가 여러 가지 교통수단이 있어서 다니기가 매우 편합니다. 여러 종류의 음식을 맛볼 수 있고 쇼핑하기도 좋습니다. 특히 홍콩의 화려한 야경은 영화의 한 장면 같습니다.

2. 일본 후쿠오카

가까운 곳으로 해외여행을 가려면 일본 후쿠오카가 좋습니다. 인천 공항에서 1시간 20분 정도밖에 안 걸려요. 한국인들이 많이 가는 관광지여서 여행하기도 편합니다. 후쿠오카 시 근처에는 온천이 있는 시골 마을이 많은데 맑은 공기와 아름다운 경치를 즐길 수 있으니까 꼭 가 보세요.

3. 인도네시아 발리

관광도 할 수 있고 편안하게 쉴 수 있는 곳을 원하세요? 그럼 발리가 어떻습니까? 발리의 옛날 문화를 볼 수 있는 관광지에 가도 되고 그냥 쉬면서 아무것도 안 해도 됩니다. 편하게 쉴 수 있는 호텔도 많고 바다에서 할 수 있는 스포츠도 많습니다.

교통수단 야경 마을 편안하다 항공권

1 이 글에 가장 잘 어울리는 제목을 고르십시오. (　　)

❶ 도시에서 즐기는 휴가!
❷ 이번 연휴는 해외에서!
❸ 아시아의 유적을 찾아서!
❹ 산과 바다를 즐기는 여행!

2 맞으면 O, 틀리면 X 하십시오.

1) 다음 달에 여행하기로 한 사람들 모두 연초에 항공권을 샀다. (　　)
2) 지금부터 계획을 세워도 여행을 갈 수 있을 것이다. (　　)

3 장소에 알맞은 문장을 연결하십시오.

1) 홍콩 •
2) 후쿠오카 •
3) 발리 •

• ❶ 한국에서 매우 가깝다.
• ❷ 옛날 문화를 볼 수 있다.
• ❸ 도시의 풍경이 화려하다.
• ❹ 음식이 여러 종류가 있다.
• ❺ 바다 스포츠를 즐길 수 있다.
• ❻ 근처에서 온천을 즐길 수 있다.

V. 따라해 봅시다

<받침소리 3> /ㅁ, ㄻ/ → [ㅁ]

음식 [음식] 그림 [그림] 젊고 [점꼬]

• 여행을 가서 여러 가지 **음식**을 먹었다.
• **그림**을 좋아해서 여행을 가면 항상 미술관을 찾는다.
• **젊고** 건강한 **사람**들도 그 산을 올라가기 **힘들어요.**

V. 정리해 봅시다

1. 지금까지 여행한 곳 중에서 어디가 제일 좋았습니까?
2. 친구에게 여러분이 가 본 여행지를 소개하십시오.

20과 날씨와 생활

1. 일기 예보

MP3 / 48

• 학습 목표: 일기 예보와 여러 날씨에 대한 내용을 이해할 수 있다.

Ⅰ. 준비해 봅시다

빈칸에 알맞은 단어를 보기 에서 골라 쓰십시오.

뉴스를 보니까 내일부터 일주일 동안 태풍이 ______ 는다고/ㄴ다고/다고 해.
태풍 때문에 바람이 ______ 게 불고
비도 많이 내린다고 하는데 우리 약속을 좀 미룰까?

오후6:04

그래, 비가 내리면 날씨도 ______ 으니까/니까 비도 ______ 고 태풍이 지나간 다음에 만나자.

오후6:05

보기

오다
가다
강하다
약하다
습하다
개다
그치다
끼다

Ⅱ. 들어 봅시다

1 대화를 듣고 맞는 그림에 ✔하십시오.

1)

❶ (　　　)　❷ (　　　)

2)

❶ (　　　)　❷ (　　　)

3)

❶ (　　　)　❷ (　　　)

4)

❶ (　　　)　❷ (　　　)

태풍　강하다　습하다　개다　그치다　끼다　불다　목도리

2 대화를 듣고, 어떤 날씨를 이야기 하는지 고르십시오.

1) (　　)　　2) (　　)　　3) (　　)　　4) (　　)

①

②

③

④

[3-4] 대화를 듣고 질문에 답하십시오.

3 내일 날씨는 어떻습니까?

4 맞으면 O, 틀리면 X 하십시오.

1) 윤아 씨가 휴대 전화로 날씨를 찾아봤다. (　　)

2) 존 씨는 내일 친구들과 등산을 갈 것이다. (　　)

[5-7] 이야기를 듣고 질문에 답하십시오.

5 무엇에 대해서 이야기하고 있습니까? (　　)

① 계절 활동　② 주말 날씨　③ 주말 계획　④ 건강과 생활

6 맞지 않는 것을 고르십시오. (　　)

① 금요일에는 저녁에 비가 오겠다.

② 비가 온 후에는 기온이 내려가겠다.

③ 주말에는 하루 종일 날씨가 쌀쌀하다.

④ 주말에 겉옷을 준비해서 나가는 것이 좋다.

안개　비구름　기온　겉　나들이　차이

7 왜 감기를 조심해야 합니까?

III. 읽어 봅시다

기다리고 기다리던 설 연휴가 오늘부터 시작인데요. 이번 연휴 동안의 서울 날씨를 알려 드리겠습니다. 이번 설 연휴의 기온은 평년과 비슷하거나 조금 낮겠습니다.

연휴가 시작하는 첫날인 오늘 27일에는 북쪽에서 남쪽으로 비구름이 내려오면서 날씨가 춥고 눈이 내리기 시작하겠습니다. 눈은 1~3mm 정도 내릴 것으로 보입니다. 아침 최저 기온과 낮 최고 기온은 영하 3도, 영상 1도입니다.

내일 28일에는 기온이 조금 올라가서 눈이 비로 바뀌어 내리겠습니다. 비가 많이 내린다고 하니까 아침에 나가실 때 잊지 말고 우산을 가지고 나가셔야겠습니다. 비는 6mm 정도 내리겠습니다. 내일 아침 최저 기온과 낮 최고 기온은 0도, 영상 4도입니다.

연휴의 마지막 날인 29일에는 비가 그치고 기온이 많이 내려가겠습니다. 기온이 떨어지고 바람도 강하게 불기 때문에 외출하실 때 옷을 따뜻하게 입으셔야겠습니다. 모레 아침 최저 기온과 낮 최고 기온은 영하 4도, 영상 2도이지만 바람 때문에 더 춥겠습니다.

연휴 동안 눈과 비가 내리는 곳이 많으니까 그냥 나가지 마시고 일기 예보를 잘 확인하신 후에 외출하시는 것이 좋겠습니다. 모두 즐거운 연휴 보내십시오.

1 언제 어디의 날씨를 이야기하고 있습니까?

최고 최저 평년 영하 영상 도 일기 예보 외출하다

2 맞지 않는 것을 고르십시오. (   )

❶ 오늘은 날씨가 춥고 눈이 내리겠다.
❷ 내일은 오늘보다 날씨가 더 춥겠다.
❸ 내일은 우산을 가지고 나가야 한다.
❹ 모레는 기온이 내려가고 바람도 많이 불겠다.

3 맞으면 ○, 틀리면 X 하십시오.

1) 모레는 비가 많이 내리고 바람도 많이 불어서 더 춥겠다. (   )
2) 눈과 비가 내리는 곳이 많으니까 날씨를 확인하고 외출하는 것이 좋다. (   )

V. 따라해 봅시다

<받침소리 4> /ㄱ, ㄲ, ㅋ, ㄺ/ → [ㄱ]

국[국] 밖[박] 부엌[부억] 맑다[막따]

- 눈이 와서 교실 **밖** 풍경이 아름답다.
- 날씨가 더우니까 **부엌**에 있는 **국**도 냉장고에 넣어라.
- 오늘 날씨가 오랜만에 정말 **맑다**.

V. 정리해 봅시다

1. 여러분은 어떤 날씨를 좋아합니까? 왜 그렇습니까?
2. 여러분은 일기 예보를 어디에서 확인합니까?

20과

날씨와 생활

2. 생활 속의 날씨

MP3 / 49

• 학습 목표: 날씨와 날씨에 따른 유의 사항을 전하는 내용을 이해할 수 있다.

Ⅰ. 준비해 봅시다

날씨와 관계있는 것을 연결하십시오.

1)  날씨가 맑다 •

2)  비가 내리다 •

3)  미세 먼지가 많다 •

4)  햇빛이 강하다 •

• ① 환기를 하다

• ② 외출을 하다

• ③ 장화를 신다

• ④ 비옷을 입다

• ⑤ 마스크를 쓰다

• ⑥ 선글라스를 쓰다

• ⑦ 선크림을 바르다

• ⑧ 운동을 실내에서 하다

Ⅱ. 들어 봅시다

1 대화를 듣고, 여자가 앞으로 할 일에 ✔하십시오.

1)  ① (　　)  ② (　　)

2)  ① (　　)  ② (　　)

3)  ① (　　)  ② (　　)

4)  ① (　　)  ② (　　)

미세 먼지　환기　마스크　장화　비옷　선글라스　선크림　실내　여의도 공원

2 이야기를 듣고 빈 칸에 알맞은 접속사를 보기에서 찾아 쓰십시오.

→ ❶ (　　　)

→ ❷ (　　　)

→ ❸ (　　　)

→ ❹ (　　　)

보기

그런데　　그래도　　그래서　　그리고　　하지만　　왜냐하면

[3-4] 라디오 방송을 듣고 질문에 답하십시오.

3 오늘 날씨는 어떻습니까?

4 맞으면 O, 틀리면 X 하십시오.

1) 이 방송은 아침에 하는 방송이다. (　　)

2) 이 방송을 하고 있는 사람은 가수이다. (　　)

[5-7] 대화를 듣고 질문에 답하십시오.

5 오늘 날씨로 맞지 않는 것을 고르십시오. (　　)

❶ 바람이 좀 분다.　　❷ 아침부터 흐리다.

❸ 미세 먼지가 많다.　　❹ 오늘 오후에는 비가 올 것이다.

6 맞는 것을 고르십시오. (　　)

❶ 두 사람은 같이 일기 예보를 봤다.

❷ 두 사람은 오늘 밖에 나가지 않을 것이다.

❸ 두 사람은 지금 사무실에서 이야기하고 있다.

❹ 미세 먼지가 많으면 실내에서도 마스크를 써야 한다.

불국사　석굴암　방송　짜증 나다　공기 청정기　창문

7 우진 씨와 에릭 씨는 무엇을 하겠습니까?

1) 우진 :
2) 에릭 :

III. 읽어 봅시다

올해 여름은 작년 여름보다 더 더울 테니까 건강 관리를 잘 하셔야 합니다. 그러면 어떻게 해야 건강하게 여름을 보낼 수 있는지 알려 드리겠습니다.

❶ 물 많이 마시기

여름철에는 보통 때보다 땀을 많이 흘리기 때문에 쉽게 피곤하고 힘들어집니다. 그래서 여름에는 목이 마를 때마다 물을 많이 드셔야 합니다. 과일이나 채소를 드시는 것도 건강에 좋습니다.

❷ 외출할 때 밝고 편한 옷 입기

밖에 나갈 때 어두운 옷이나 몸에 너무 붙는 옷을 입으면 땀이 더 많이 난다고 합니다. 그러니까 입고 벗기가 편한 밝은 색 옷을 입는 것이 좋습니다.

❸ 낮에 외출하지 않기

낮 12시부터 오후 5시까지는 가장 더운 시간입니다. 그래서 이 시간에는 밖으로 나가지 않고 실내에 있는 것이 좋습니다. 바깥에 나가야 할 때는 선크림을 잘 바르고 모자를 쓰는 것이 좋겠습니다.

❹ 음식 조심하기

더운 날씨에는 소화가 잘 안 되고 배탈이 나기 쉽기 때문에 찬 음식을 많이 먹으면 안 됩니다. 그리고 여름에는 음식을 냉장고에 잘 넣어야 합니다. 또 냉장고 안의 음식도 먹기 전에 잘 확인해 보는 것이 좋습니다. 국 같은 음식은 잘 끓여서 먹어야 합니다.

모두 건강한 여름을 보내시길 바랍니다.

땀 흘리다 목이 마르다 바깥

1 왜 이 글을 썼습니까? (   )

❶ 건강하게 사는 방법을 알려 주려고
❷ 여름에 요리하는 방법을 알려 주려고
❸ 외출할 때 입기 좋은 옷을 알려 주려고
❹ 더운 여름을 잘 보내는 방법을 알려 주려고

2 맞지 않는 것을 고르십시오. (   )

❶ 날씨가 더울 때에는 찬 음식을 많이 먹으면 안 좋다.
❷ 여름에 외출할 때는 몸에 맞는 어두운 색 옷을 입어야 한다.
❸ 여름에는 과일이나 채소를 많이 먹으면 건강에 도움이 된다.
❹ 점심부터 오후 5시 이전에는 외출을 많이 하지 않는 것이 좋다.

3 맞으면 O, 틀리면 X 하십시오.

1) 더울 때는 선크림만 잘 바르고 외출하면 된다. (   )
2) 여름에는 국 같은 음식을 잘 끓여서 먹어야 한다. (   )

따라해 봅시다

<받침소리 5> / ㄴ, ㄵ, ㄶ / → [ㄴ], / ㄹ, ㄼ / → [ㄹ]

눈사람[눈싸람] 앉고[안꼬] 많이[마니] 날씨[날씨] 넓게[널께]

- 눈이 와서 **눈사람**을 만들었어요.
- **날씨**가 좋아서 바깥 자리에 **앉고** 싶어요.
- **많이** 더운 날에는 몸에 **넓게** 붉은 점이 생긴다.

정리해 봅시다

1. 요즘 여러분 고향의 날씨가 어떻습니까? 지금 무엇을 하면 좋습니까?
2. 날씨가 더울 때나 추울 때 조심해야 하는 것들은 무엇입니까?

복습

MP3 / 50

1 대화를 듣고 질문에 답하십시오.

1) 윤아 씨의 여름 방학 계획입니다. 빈칸에 알맞은 단어를 쓰십시오.

여행 장소	같이 가는 사람	여행 기간

2) 윤아 씨가 여행 갈 곳에 대한 설명이 맞으면 ○, 틀리면 X 하십시오.

① 여름에 날씨가 덥고 습하다. ( )

② 저녁에 밖을 많이 다니는 건 좋지 않다. ( )

④ 에릭 씨는 낮에 쇼핑을 했다. ( )

2 다음 글을 읽고 질문에 답하십시오.

7월 12일 목요일 날씨 맑음

싱가포르 여행 2일째. 덥고 습하지만 생각한 것보다 심하지 않아서 편하게 여행하고 있다. 그렇지만 햇빛은 정말 강하다. 오늘 아침에 엄마와 나는 선크림을 두껍게 바른 뒤에 호텔에서 나갔다. 얼굴이 너무 하얘져서 서로의 얼굴을 보고 많이 웃었다. 그래도 그렇게 하길 잘한 것 같다. 동생은 선글라스가 없어서 오늘 백화점에 가자마자 샀다. 에릭 씨가 이야기해 준 곳이었는데 쇼핑하기가 편하고 맛있는 식당도 많아서 좋았다. 부모님께서 오늘 먹은 음식이 모두 입맛에 맞다고 하셨다. 여행 전에 알아본 식당이 다 성공이다!

쇼핑을 한 뒤에 '나이트 사파리'에 갔다. 우리 가족은 동물을 모두 좋아해서 여행 전부터 꼭 가기로 한 곳이었다. 밤이라서 좀 어두웠기 때문에 동물들 사진을 잘 찍을 수는 없었지만 아주 신기하고 재미있었다. 밤늦게 호텔로 돌아왔다. 호텔 방은 좀 작다. 예약 사이트에서 봤을 때는 방이 더 클 줄 알았는데.

내일도 날씨가 괜찮다고 하니까 즐겁게 다닐 수 있을 것이다. 내일은 쇼핑만 너무 많이 하지 말고 가족들과 사진도 찍고 이야기도 더 많이 해야겠다.

1) **이 사람은 오늘 어디에 갔습니까?**

2) **오늘 싱가포르의 날씨가 아닌 것을 고르십시오. (　　)**

❶ 습하다　❷ 흐리다　❸ 기온이 높다　❹ 햇빛이 강하다

3) **맞는 것을 고르십시오. (　　)**

❶ 엄마는 오늘 선크림과 선글라스를 샀다.
❷ 이 사람은 오늘 쇼핑을 많이 하지 않았다.
❸ 부모님은 오늘 음식을 모두 맛있어 하셨다.
❹ 나이트 사파리에서는 사진을 찍으면 안 된다.

문화

생활 지수

생활 지수란 날씨가 우리 생활에 미치는 영향의 정도를 숫자로 표현한 것입니다. 일기 예보와 함께 생활 지수를 보면 우리 생활이 더 편리해집니다. 불쾌지수, 자외선 지수, 식중독 지수, 세차 지수 등이 있습니다. 예를 들어, 불쾌지수는 기온과 습도에 따라서 사람의 기분이 좋고 나쁨을 말해 주는 것으로 기온이 높은 여름에 습도까지 높으면 불쾌지수가 높아서 짜증이 많이 나게 됩니다.

	지수				지수		
	모기 지수	60	새벽에 모기 조심하세요		나들이 지수	80	더워서 걱정이네요
	빨래 지수	90	빨래하기 아주 좋은 날씨		냉방 지수	60	적당한 냉방이 필요해요
	세차 지수	90	새롭게 단장해 보세요		운동 지수	90	컨디션이 좋습니다
	자외선 지수	60	오후에 주의하세요		불쾌지수	80	심한 농담을 삼가세요
	공해 지수	60	공기가 깨끗한 편이에요		부패 지수	40	냉장 보관이 안전해요

1. **생활 지수는 무엇을 표현한 것입니까?**
2. **여러분 나라에도 이런 지수가 있습니까?**

싱가포르　워터 파크　물놀이　서로　동물　동물원

부록

모범 답안
색인

모범 답안

10-1 친구에게 부탁하기

Ⅰ. 준비해 봅시다.

1) 부탁이 있다　2) 부탁을 하다
3) 부탁을 받다　4) 부탁을 들어주다

Ⅱ. 들어 봅시다.

1. 1) ④　2) ③　3) ②　4) ①
2. 1) ②　2) ②　3) ①　4) ①
3. 노트북
4. 1) ○　2) ×
5. ①, ②
6. ①
7. 1) ○　2) ○

Ⅲ. 읽어 봅시다.

1. ③
2. 친구가 부탁을 들어주지 않을 것 같아서
3. 1) ×　2) ×

10-2 사무실에서 부탁하기

Ⅰ. 준비해 봅시다.

1) 어　2) 음　3) 자　4) 저기

Ⅱ. 들어 봅시다.

1. 1) ③　2) ④　3) ②　4) ①
2. (1), (3)
3. ②
4. 1) ×　2) ○
5. 아르바이트 신청 서류를 내려고
6. ③
7. 1) ○　2) ×

Ⅲ. 읽어 봅시다.

1. 국립 중앙 박물관으로 가는 지하철 출구 번호
2. ②
3. 1) ×　2) ○

◆ 복습

1. 다음을 읽고 질문에 답하십시오.

1) ④
2) ④
3) ① ×　② ○

2. 대화를 듣고 대답하십시오.

1. ④
2. ① ○　② ×

11-1 대중교통

Ⅰ. 준비해 봅시다.

1) ④　2) ③　3) ②　4) ①

Ⅱ. 들어 봅시다.

1. 1) ①　2) ②　3) ②　4) ①
2. 1) ①　2) ②　3) ②　4) ①
3. ④
4. 1) ×　2) ○
5. 1) 경복궁역, 3호선　2) 472
6. 1) ×　2) ○
7. 시간이 더 오래 걸려서

Ⅲ. 읽어 봅시다.

1. 다음 주 한국 문화 수업 장소 안내
2. ③
3. ④

11-2 길 안내

Ⅰ. 준비해 봅시다.

1) ④　2) ①　3) ②　4) ③

Ⅱ. 들어 봅시다.

1. 1) ①　2) ①　3) ①　4) ①
2. 1) ①　2) ②　3) ②　4) ②
3. ②
4. 1) ×　2) ○
5. 좌회전→직진
6. 차가 밀리지 않는 길을 잘 알려 줍니다.
7. ②

Ⅲ. 읽어 봅시다.

1. ①
2. ④
3. 초대장, 신분증

12-1 수업과 시험

Ⅰ. 준비해 봅시다.

마친다, 보기 때문에, 연습한다, 질문한다

Ⅱ. 들어 봅시다.

1. 1) ①　2) ③　3) ④　4) ②
2. 1) ①　2) ②　3) ①　4) ②
3. 밤마다 드라마와 영화를 보고 늦게 자서 /일찍 못 일어나서
4. 1) ×　2) ○
5. ③
6. ③
7.

날짜	시험 과목
목요일	말하기, 읽기
금요일	쓰기, 듣기

Ⅲ. 읽어 봅시다.

1. 1) ①, ②　2) ③, ④
2. ②

3. 앞으로 수업도 열심히 듣고, 한국 친구도 많이 사귀면서 재미있게 지내고 싶어 합니다.

12-2 학교 프로그램

Ⅰ. 준비해 봅시다.

③→ ① → ④ → ②

Ⅱ. 들어 봅시다.

1. 1) ② 2) ① 3) ③ 4) ④
2. (①, ③)
3. ③
4. 1) ○ 2) ○
5. (②, ④)
6. ②
7.

수업 요일	수업 시간
월요일, 화요일, 목요일	6시 반부터 9시 5분까지

Ⅲ. 읽어 봅시다.

1. 1) 한국 요리 2) 언어 교환 3) 한국 영화
2. ①
3.

언제	수요일 오후 2시
어디	한국어학당 대강당

◆ 복습

1. 대화를 듣고 대답하십시오.
   1) 주앙 씨의 시험이 끝났으면 만나려고
   2) ③
   3) ① 여러 번 쓴다. ② 보통 때 연습을 많이 한다.

2. 다음을 읽고 질문에 답하십시오.
   1) ④
   2) ① ○ ② × ③ ×

13-1 은행

Ⅰ. 준비해 봅시다.

①→ ④ → ③ → ② → ⑤

Ⅱ. 들어 봅시다.

1. 1) ① 2) ① 3) ② 4) ②
2. 1) ③ 2) ② 3) ① 4) ④
3. ③
4. 1) ○ 2) ○
5. (달러를) 환전하려고
6. ④
7. 천백 원(1,100원)

Ⅲ. 읽어 봅시다.

1. 인터넷 전문 은행
2. 1) ①, ②, ⑤
   2) ①, ③, ④
3. 1) ○ 2) ×

13-2 우체국

Ⅰ. 준비해 봅시다.

1) 택배 2) 김민수, 레오 마르땅 3) 03722
4) 받는 사람에게 직접 준다.

Ⅱ. 들어 봅시다.

1. 1) ② 2) ③ 3) ① 4) ④
2. 1) 길다 2) 무겁다 3) 크다 4) 높다
3.

무엇	어디
책	노르웨이

4. 1) ○ 2) ×
5. 택배
6. ②
7. 1) ○ 2) ×

Ⅲ. 읽어 봅시다.

1. ③
2. ③
3. 1) × 2) ○

14-1 휴대 전화

Ⅰ. 준비해 봅시다.

1) 통화하다 2) 계산하다 3) 녹음하다 4) 동영상을 보다

Ⅱ. 들어 봅시다.

1. 1) ③ 2) ① 3) ② 4) ④
2. (2), (3), (5)
3. 잘 지내냐고 물어보려고
4. 1) × 2) ○
5. ④
6. 인터넷 검색 기능, 사전 기능, 카메라 기능, 길 찾기 기능
7. 1) ○ 2) ×

Ⅲ. 읽어 봅시다.

1. ③
2. 글씨가 너무 작아서
3. 1) × 2) ×

14-2 메시지

Ⅰ. 준비해 봅시다.

1) 메시지를 보내다 2) 메시지가 오다
3) 메시지를 확인하다 4) 메모를 남기다

Ⅱ. 들어 봅시다.

1. 2), 3), 4), 5)
2. 1) ② 2) ① 3) ② 4) ①
3. 서울역 앞, 남산

4. 1) ○ 2) ×
5. ④
6. 휴대 전화를 집에 놓고 나와서
7. 1) × 2) ○

Ⅲ. 읽어 봅시다.
1. ④
2. 할아버지 생신 케이크
3. 1) ○ 2) ×

◆ 복습

1. 다음을 읽고 질문에 답하십시오.
1) ②
2) ④
3) 은행, 택배

2. 대화를 듣고 대답하십시오.
1) ①→ ④ → ③ → ②
2) ②

15-1 식당 예약

Ⅰ. 준비해 봅시다.
예약을 날짜를 연락처를 예약석을

Ⅱ. 들어 봅시다.
1. 1) ① 2) ② 3) ② 4) ①
2. 달라고 달라고 주라고 주라고
3. 시간: 4월 2일 금요일 7시, 사람: 8명
4. 1) × 2) ○
5. 인터넷으로 식당 예약하는 것을 도와 달라고 했습니다.
6. ② → ④ → ③ → ① → ⑤
7. ④

Ⅲ. 읽어 봅시다.
1. 고향에서 언니와 조카가 와서
2. 1) ①, ④ 2) ②, ③
3. ①

15-2 배달 주문

Ⅰ. 준비해 봅시다.
배달 시켜서 배달해 주문할게 배달되면

Ⅱ. 들어 봅시다.
1. 1) ① 2) ① 3) ② 4) ①
2. ①, ③, ⑤
3. ③
4. 1) ○ 2) ×
5. 주문한 음식을 받으러 갑니다.
6. ③
7. 치킨만 가지고 오고 음료수를 안 가지고 왔습니다.

Ⅲ. 읽어 봅시다.
1. ②
2. ③
3. 길다, 가깝다, 낮다, 음료수를

16-1 병원

Ⅰ. 준비해 봅시다.
1) 소화가 안 되다 2) 감기에 걸리다
3) 배탈이 나다 4) 변비가 있다

Ⅱ. 들어 봅시다.
1. 1) ①, ② 2) ①, ③ 3) ②, ③ 4) ①, ③
2. (②, ③)
3. 기침을 많이 하고 목도 부었습니다.
4. 1) ○ 2) ○
5. ②
6. ④
7. 배를 따뜻하게 하고 푹 쉬어야 합니다.
약을 잘 먹어야 합니다.

Ⅲ. 읽어 봅시다.
1. 목이 더 아프고 열도 많이 나서 병원에 갔습니다.
2. ③
3. ①

16-2 약국

Ⅰ. 준비해 봅시다.
1) 소독약 2) 소화제 3) 두통약 4) 기침약

Ⅱ. 들어 봅시다.
1. 1) ② 2) ② 3) ① 4) ①
2. 1) ① 2) ④ 3) ③ 4) ②
3. ④
4. 1) ○ 2) ×
5. 화장실에 3일 동안 못 가서 아랫배가 아픕니다.
6. ②
7. ④

Ⅲ. 읽어 봅시다.
1. 급할 때 필요한
2. ②
3. 1) × 2) ○

◆ 복습

1. 대화를 듣고 대답하십시오.
1) ③
2) ④
3) 주차장이 좁은 데다가 근처 교통이 복잡해서

2. 다음을 읽고 질문에 답하십시오.
1) 화장실에도 여러 번 가고 속이 계속 불편해서/ 배탈이 나서
2) ②

17-1 취미 소개

I. 준비해 봅시다.

1) ③ 2) ① 3) ④ 4) ②

II. 들어 봅시다.

1. 1) ② 2) ① 3) ④ 4) ③
2.

노래	V
춤	V
한국말	
한국 영화	V

3.

에릭	흐엉
볼링	요리

4. 1) × 2) ×
5. 1) ① 2) ①, ②
6. ①
7. (1) × (2) ○

III. 읽어 봅시다.

1. ① 음악 듣기 ② 게임 ③ 드라마 ④ 10%
2. ②
3. 1) × 2) ○

17-2 취미 활동

I. 준비해 봅시다.

동전을 모으다, 당구를 치다, 연극을 보다/하다, 피아노를 치다, 게임을 하다, 강아지를 키우다, 우표를 모으다, 볼링을 치다, 낚시를 하다, 드럼을 치다, 만화책을 보다, 화분을 키우다

II. 들어 봅시다.

1. 1) ①, ②, ③
2.

3.

	우진	에릭
당구	V	
야구	V	V
볼링	V	V

4. 1) ○ 2) ×

5.

주앙	하늘
드럼	피아노

6. ②
7. 1) × 2) ×

III. 읽어 봅시다.

1. 한국어 공부에 도움이 되고 무료인
2. ④
3. 1) × 2) ○

18-1 방학 계획

I. 준비해 봅시다.

1) 계획이 있다 2) 계획을 세우다 3) 계획을 연기하다 4) 계획을 취소하다

II. 들어 봅시다.

1. 1) ③ 2) ① 3) ④ 4) ②
2. 1) ④ 2) ② 3) ① 4) ③
3. 경주 여행
4. 1) × 2) ○
5. ②
6. 1) ①, ④ 2) ②, ③
7. 계획을 바꾸면 된다.

III. 읽어 봅시다.

1. ②
2. 1) ②, ③, ④ 2) ①, ⑤
3. 1) ○ 2) ×

18-2 졸업 후의 계획

I. 준비해 봅시다.

결정하지, 사업을 하는, 유학한, 출국할

II. 들어 봅시다.

1. 1) ③ 2) ② 3) ① 4) ④
2. 1) ② 2) ② 3) ① 4) ②
3. 계획표를 만든다.
4. 1) ○ 2) ×
5. ①
6. 유학, 대학원 입학, 회사에서 일하기
7. 1) ○ 2) ×

III. 읽어 봅시다.

1. ③
2. 세상에서 제일 맛있는 빵을 파는 빵집을 열고 싶어 합니다.
3. 1) ○ 2) ○

◆ 복습

1. 다음을 읽고 질문에 답하십시오.
1) ③
2) ④
3) ① ○ ② ○

2. 대화를 듣고 대답하십시오.
1)

흐엉	유키
영화, 요리	요리

2) ③

19-1 호텔 예약

I. 준비해 봅시다.
1) 여행지 2) 숙박 시설 3) 여행 기간 4) 교통편

II. 들어 봅시다.
1. 1) 1박 2일 2) 20명 3) 5개 4) 5만원
2. ① → ④ → ⑤ → ③ → ②
3. 예약이 잘 되었는지 확인하려고
4. 1) ○ 2) ×
5. ③
6. 게스트 하우스, 값도 싸고 여행을 온 다른 사람들도 사귈 수 있어서
7. ③

III. 읽어 봅시다.
1. ④
2. ①
3. 1) 건물이 오래되었다.
2) 수영장 물이 너무 차갑다.

19-2 여행 가고 싶은 곳

I. 준비해 봅시다.
1) ④ 2) ① 3) ② 4) ③

II. 들어 봅시다.
1. 1) ③, ⑥ 2) ①, ⑧ 3) ②, ⑤ 4) ④, ⑦
2. 1) ② 2) ① 3) ② 4) ①
3. ②
4. 1) ○ 2) ×
5. 전주, 경주
6. 한국의 옛날 집을
7. ④

III. 읽어 봅시다.
1. ②
2. 1) × 2) ○
3. 1) ③, ④ 2) ①, ⑥ 3) ②, ⑤

20-1 일기 예보

I. 준비해 봅시다.
온다고, 강하게, 습하니까, 그치고

II. 들어 봅시다.
1. 1) ① 2) ② 3) ① 4) ①
2. 1) ③ 2) ④ 3) ② 4) ①
3. 눈이 많이 옵니다.
4. 1) ○ 2) ×
5. ②
6. ③
7. 아침과 낮의 기온 차이가 커서

III. 읽어 봅시다.
1. 설 연휴 때의 서울 날씨를 이야기하고 있습니다.
2. ②
3. 1) × 2) ○

20-2 날씨와 생활

I. 준비해 봅시다.
1) ①, ② 2) ③, ④, ⑧ 3) ⑤, ⑧ 4) ⑥, ⑦, ⑧

II. 들어 봅시다.
1. 1) ② 2) ① 3) ② 4) ①
2. 1) 그런데 2) 하지만 3) 그래서 4) 그리고
3. 첫눈이 내리고 있습니다.
4. 1) ○ 2) ×
5. ④
6. ③
7. 1) 공기 청정기를 켠다.
2) 창문을 잘 닫았는지 확인한다.

III. 읽어 봅시다.
1. ④
2. ②
3. 1) × 2) ○

◆ 복습

1. 대화를 듣고 대답하십시오.
1)

여행 장소	같이 가는 사람	여행 기간
싱가포르	가족	3박 4일

2) ① O ② X ③ X

2. 다음을 읽고 질문에 답하십시오.
1) 백화점, 나이트 사파리
2) ②
3) ③

색인

어휘 색인

이미지 출처: 국립중앙박물관, 서울도서관, youtube

Chinese Version

새 연세한국어 듣기와 읽기 2-2

별책부록

新延世韩国语 听力与阅读

연세대학교 한국어학당 편

연세대학교 출판문화원

前言

延世大学韩国语学堂是在1959年成立的韩国最早的外国人韩国语教育机构。延世大学韩国语学堂为了满足此前的历史和名声，编纂了各种韩语教材，同时不断 相关的研究。迄今为止，我校对全世界约147个国家的14万名韩国语学生进行了韩语和韩国文 化的教育，最近不仅在线下进行韩语教育，还为世界各国的学生开设了全球性的“大型开放式网络课程（MOOC讲座）”，受到了广大学生的热烈响应。尤其是根据最近以飞快的速度变化的教育环境，为开发新的教学 方法和教学资料等等而在进行不断地努力。

延世大学韩国语学堂一直以来都是不仅针对普通目的的韩国语学生，同时针对特殊目的 的韩国语学生，开设正规课程、短期课程、大学韩语课程等多种教育课程，并开发出满足学生要 求的最佳教材。这些教材目前被广泛使用在国内外的韩国语教育机构中，满足教师和学生的多 种要求。

延世大学韩国语学堂是继此前一直受到最大好评的"延世韩国语"1级~6级之后，发行的新 系列韩语教材——《新延世韩国语》。为了开发此教材，将韩语教育现场经验丰富的专业韩语教 育学者及教师们大批地投入到了其中，并以最佳的韩语教学方法和学生群体的理解为基础，经 过长期的开发，完成了开发工作。

此次出版的《新延世韩国语》系列共6个阶段，每个阶段由词汇与语法教材、口语与写作教 材、听力与阅读教材几部分构成。‘新延世韩国语词汇与语法’是以每个阶段韩国语学生必须熟 练掌握的主要词汇和语法的理解和活用为中心而构成。‘新延世韩国语口语与写作’是为了能够 灵活运用韩语进行语言沟通，主要以口语、写作练习题构成。另外，‘新延世韩国语听力与阅读’ 是以听力、阅读练习题为中心，来培养出符合各级别熟练程度的理解能力。这三本教材可以为 培养词汇·语法、表达、理解能力作为一系列的教材同时使用，也可以根据教育现场条件或学 生的要求另行使用。此外在词汇与语法教材中，另外免费提供指南书，这对于教育经验不足的国内 外的韩国语教师来说，可以成为有用的向导。

延世大学韩国语学堂今后也将致力于开发符合全世界韩国语学生要求并不辜负期待的韩 国语教材。同时希望本教材在国内外能为韩国语教育付出努力的教师们和为了学习韩语而努 力的所有学生都能给予帮助。

延世大学语言研究教育院

韩国语学堂教材编纂委员会

凡例

1. 本教材与《新延世韩国语词汇与语法2》、《新延世韩国语会话与写作2》同时出版，是为韩国语初级者而编撰的教材。

2. 本教材是为了培养韩国语初级者在听读两方面对韩国语的理解能力而研发的理解能力教材。

3. 本教材共由20课组成，每课分2项，共由40项构成。另外有10项复习部分，在每2课结束时进行复习。每一项的上课内容各50分钟，本教材共由50项构成。教材的第一部分对韩字进行了介绍，每2项结束会有介绍韩国文化的部分。

4. 本教材每项由“题目、学习目标、准备一下、听一听、读一读、请跟着我读、整理一下”5个部分构成。

5. 每课的题目与《新延世韩国语词汇和语法1》相同，但是每项的题目以能代表该项的主要内容作为题目，并且在题目的旁边设有QR码，能便捷地确认录音内容。

6. 学习目标部分，列出了“能理解~”，“能理解~相关的内容”等关于理解技能的内容。

7. “准备一下”部分，作为每项的开始部分，为了能更好地理解该单元的阅读和听力内容而做准备。由该单元学习内容和与其有关的重要单词练习构成。但是并不是单纯的单词练习，而是为了能更好地反应出理解教材的特征，使在句子和段落里接触这些单词来帮助学生们理解。

8. “听一听”部分，通过练习口语培养能运用在日常生活中的语言沟通能力。听力文本以单个句子的形式开始，然后伸展到短对话，最后到长对话，按照从短到长，从容易到难的顺序练习。

9. “读一读”部分, 根据初级阶段的学习目标, 将重点放在提高日常生活的书面语沟通能力上, 阅读与日常生活有关的各种类型的文章(便条、日记、邮件、广告、邀请函、博客或网络论坛的帖子等)理解其内容。

10. “请跟着我读 “部分, 是为了练习发音的部分, 对于阅读文本或听力文本里有音韵变化或学生们容易错误的发音, 每单元选出相同规则发音的单词, 并一起备注了包括此单词的句子。

11. “整理一下”部分, 是学生们对该课的内容进行确认和检查的部分, 同时通过对其他语言能力的综合性教育来起到强化语言能力的作用。该部分由通过学习过的听力和阅读内容同时能练习会话、写作两个技能的内容构成。

12. “复习”部分, 由阅读和听力两部分构成, 帮助学生们更好地运用前2课学习的单词和语法等内容。把焦点放在听力和阅读集中其中一方面上, 连接其他技能, 促进各技能的综合性学习。

13. “文化”部分, 在复习项的最后一部分, 配有文化资料和插图。文化部分中, 选择了符合理解教材的内容, 主要以信息文化而构成。

14. “附录”部分, 提供了正确答案和单词索引, 别册里提供了阅读译文和听力文本及译文。

单元构成

课	题目	学习目标	语法	文化 (复习项)
第十一课 交通	<1> 大众交通工具	能理解说明利用大众交通工具方法的内容。	-다가 으로[3]	图书馆的使用
	<2> 带路	能理解出租车上说明路线或者开车找路的内容。	-으려면[1] 으로 해서	
第十二课 学校生活	<1> 课程和考试	能理解说明课程和考试的内容。	-어야 -으면 되다	
	<2> 学校项目	能理解在办公室咨询学校生活的内容。	-는데요 -거나	
第十三课 公共机关	<1> 银行	能理解有关银行使用的内容。	부터 -는 동안	公共事业费用自动缴纳机
	<2> 邮局	能理解有关邮局使用的内容。	-을 건가요? 이나[2]	
第十四课 电话	<1> 手机	能理解说明手机各种功能的内容。	-는다고 하다 -냐고 하다	
	<2> 信息	能理解信息或便条的内容。	-자고 하다 -으라고 하다	
第十五课 预约和点餐	<1> 预订餐厅	能理解用多种方法预订餐厅的内容。	-어 달라고(주라고) 하다 이라서	在便利店能买到的药
	<2> 订购外卖	能理解订购外卖和确认的内容。	만 -었던	
第十六课 健康	<1> 医院	能理解向朋友或医生说明生病症状的内容。	-는 데다가 ㅅ동사	
	<2> 药店	能理解说明药的种类和效果的内容。	이라도 -지 않으면 안 되다	

课	题目	学习目标	语法	文化 (复习项)
第十七课兴趣爱好	<1> 介绍兴趣爱好	能理解介绍各种各样的兴趣爱好的内容。	만큼 -어도	韩国的票房电影
	<2> 兴趣活动	能理解说明兴趣活动的内容。	-을 줄 알다(모르다) -던	
第十八课计划	<1> 假期计划	能理解放假和制定旅行计划的内容。	-던데요 이든지	
	<2> 毕业后的计划	能理解关于毕业后的计划或未来结婚计划的内容。	밖에 -을 줄 알았다	
第十九课旅行	<1> 预订酒店	能理解预约和描述住宿设施的内容。	이나[3] -은 뒤에	生活指数
	<2> 想去旅行的地方	能理解分享旅游地的信息和推荐值得旅行的地方的内容。	-기로 하다 -자마자	
第二十课天气和生活	<1> 天气预报	能理解与天气预报和各种天气相关的内容。	-는다고 하니까 -지 말고	
	<2> 生活中的天气	能理解天气和根据天气而传达的注意事项的内容。	접속사 -을 테니까	

目录

第十一课 交通

<1> 大众交通工具

学习目标: 能理解说明利用大众交通工具方法的内容。

词汇

하차 下车	벨 铃
누르다 按	노선도 路线图
단말기 终端机	교통 카드 交通卡
대다 刷	특실 特等房
당산역 堂山站	을지로 3가역 乙支路3街站
전동차 地铁	승강장 站台
열차 列车	압구정역 狎鸥亭站
팬 사인회 粉丝签名会	안내 介绍
박물관 博物馆	서울 역사 박물관 首尔历史博物馆
충정로역 忠正路站	경복궁 景福宫
신청하다 申请	매표소 售票处

• **听一听**

1.

(1) 똑바로 가다가 사거리에서 오른쪽으로 가세요.
笔直地向前走, 然后在十字路口往右拐。

(2) 지하철에서 책을 읽다가 잤어요.
在地铁里读书读着读着睡着了。

(3) 버스 노선도를 보다가 전화를 받았어요.
看着公交车路线图的时候, 接到了电话。

(4) 지하철역으로 걸어가다가 친구를 만났어요.
向着地铁站走去的时候, 见到了朋友。

2.

(1) 가: 특실로 드릴까요? 일반실로 드릴까요?
甲: 给您特等房吗? 还是普通房吗?
나: 특실로 할게요.
乙: 我要特等房。

(2) 가: 교통 카드로 계산하시겠습니까?
甲: 用交通卡结算吗?
나: 아니요, 현금으로 할게요.
乙: 不, 我用现金吧。

(3) 가: 신촌에서 김포 공항까지 지 하철로 어떻게 가요?
甲: 从新村到金浦机场坐地铁怎么去?
나: 2호선을 타고 가다가 당산역에서 9호선으로 갈아타고 김포 공항역에서 내리세요.
乙: 乘2号线在堂山站换乘9号线, 然后在金浦机场站下车。

(4) 가: 저, 표를 잘못 샀는데 내일 오후 10시 표로 좀 바꿀 수 있나요?
甲: 我买错票了, 能不能换成明天下午10点的票呢?
나: 네, 손님. 오전 10시에서 오후 10시 표로 바꿔 드리겠습니다.
乙: 可以, 客人, 把上午10点的换成下午10点的票。

3~4.

(효과음) 이번 역은 을지로 3가, 을지로 3가역입니다. 내리실 문은 왼쪽입니다. 신촌이나 잠실 방면으로 가실 손님은 이번 역에서 2호선으로 갈아타시기 바랍니다. 이 역은 타는 곳과 전동차 사이의 거리가 넓습니다. 내리고 타실 때에 조심하시기 바랍니다.
(效果音)前方到站是乙支路3街, 乙支路3街站。请在左侧门下车。到新村或蚕室方向的旅客请在本站换乘2号线。本站上车的地方与地铁之间的距离很大, 上下车的时候请注意安全。

5~7.

존: 윤아야, 내일 압구정에 가야 하는데 어떻게 가는지 알아?
约翰: 允儿, 我明天要去狎鸥亭, 你知道怎么去吗?

윤아: 응. 지하철로 갈 수도 있고 버스도 있을 거야. 근데 존, 압구정에 뭐 하러 가?
允儿: 嗯, 可以坐地铁, 应该也有公共汽车。约翰, 你去狎鸥亭洞做什么?

존: 내가 좋아하는 배우가 거기에서 팬사인회를 해서 가려고. 선물은 이 초콜릿으로 할 거야. 괜찮겠지?
约翰: 我喜欢的演员在那儿举行粉丝签名会。礼物我准备送这个巧克力。可以吧?

윤아: 응. 좋다. 그럼 가는 방법을 인터넷에서 좀 찾아보자. 음, 학교에서 버스를 타고 가다가 경복궁역에서 지하철 3호선으로 갈아타고 압구정 역까지 갈 수 있어.
允儿: 嗯, 挺好。那么, 在网上找一找去的方法吧。嗯.. 从学校乘坐公共汽车到景福宫换乘地铁3号线, 可以到狎鸥亭站。

존: 갈아타지 않고 한 번에 가는 방법은 없을까?
约翰: 没有不换乘直接一次到的方法吗?

윤아: 학교 근처 병원 앞 버스 정류장에서 472번 버스를 타면 한 번에 가는데 시간이 더 오래 걸리네.
允儿: 学校附近医院前面的公共汽车站那里坐472路公交车的话可以一次就到, 但是时间会更长一些。

존: 그럼 지하철로 가야겠다.
约翰: 那我还是坐地铁去吧。

• **读一读**

现在是下周韩国文化上课场所的公告。上午在首尔历史博物馆上课, 下午去景福宫。因为博物馆离学校很近, 所以找起来不会很难。请好好阅读去那儿的方法, 下星期五上午10点为止到达。另外别忘了准备交通卡!

-首尔历史博物馆
新村站出发: 从新村站乘坐地铁2号线在忠正路站换乘5号线。从光化门站7号出口出来后步行500米左右。
学校出发: 从学校前的公共汽车站出发, 乘坐470路、710路公共汽车到首尔历史博物馆前的车站下车。

-从博物馆步行到景福宫大概需要15分钟左右。往景福宫走的路上, 请到左边的韩国餐厅吃午饭, 菜单有烤肉或拌饭。2点在景福宫售票处前面见面吧。
-没有申请上午博物馆课程的学生请从学校直接来景福宫。请在学校前面的公共汽车站乘坐272路、601路、606路公共汽车在景福宫下车。

<2> 带路

学习目标: 能理解出租车上说明路线或者开车找路的内容。

词汇

우회전 右转	유턴 掉头
주차 停车	직진 直走
반대 反方向	돌리다 转
세우다 停	체육관 体育馆
밀리다 堵(车)	퇴근 下班
제시간 按时, 准时	그냥 就(这样)
좌회전 左转	내비게이션 导航
기억에 남다 留在记忆中	건너편 对面
톨게이트 收费站	주차료 停车费

- **听一听**

1.

(1) 기숙사 안으로 해서 식당까지 갈 수 있습니다.
可以从宿舍里面去食堂。

(2) 학생회관 1층 입구로 해서 가면 은행을 쉽게 찾을 수 있어요.
从学生会馆1楼入口往里走, 就能轻易地找到银行。

(3) 도서관 뒤로 해서 체육관으로 가면 빠릅니다.
往图书馆后面走, 去体育馆的话会很快。

(4) 병원으로 해서 학교 안으로 들어오는 차들이 많습니다.
通过医院进入学校的车辆很多。

2.

(1) 가: 교통 카드는 어디에서 팔아요?
甲: 交通卡在哪里卖?
나: 교통 카드를 사려면 편의점에 가세요.
乙: 如果想买交通卡的话, 去便利店吧。

(2) 가: 4호선으로 갈아타려고 해요.
甲: 我想换乘4号线。
나: 4호선으로 갈아타려면 이쪽으로 똑바로 가세요.
乙: 如果想换乘4号线, 请往这边直走。

(3) 가: 버스에서 내리고 싶으면 어떻게 해요?
甲: 如果想在公交汽车上下车的话怎么办?
나: 버스에서 내리려면 벨을 누르세요.
乙: 如果要下车, 请按铃。

(4) 가: 어디에서 택시를 탈 수 있나요?
甲: 哪里可以坐出租车?
나: 택시를 타려면 길을 건너야 합니다.
乙: 如果要坐出租车的话, 必须要过马路。

3~4.

여자: 차가 많이 밀리네요.
女生: 车太堵了。

기사: 낮에는 밀리지 않는 길인데 퇴근 시간이어서 복잡해요.
司机: 白天不堵的路, 因为是下班时间, 所以很复杂。

여자: 제시간에 도착하려면 그냥 빨리 내려야겠어요. 저기 사거리에서 우회전 하신 후에 세워 주세요.
女生: 如果想按时到达的话, 就要快点下车了。请在那边十字路口右转后, 停在那儿。

기사: 네, 그럼 저 횡단보도 지나서 바로 세워 드리겠습니다.
司机: 好, 那我过了那个人行横道停。

5~7.

내비*: "500m 앞에서 좌회전입니다."
导航*: "前方500米左转。"

에릭: 좌회전? 우진 씨, 왼쪽으로 가면 종로 아니에요?
埃里克: 左转? 宇振, 往左转的话不是钟路吗?

우진: 맞아요, 에릭 씨. 내비게이션이 종로로 해서 가는 길로 안내하네요. 저는 서울역으로 해서 가려고 했는데...
宇振: 是啊, 埃里克。导航仪指引的是去钟路的路呢。我本来打算往首尔站方向走呢...

내비*: "잠시 후 좌회전입니다. 다음 안내까지 직진입니다."
导航*: "一会儿左转。到下一个提示为止请一直直走。"

에릭: 이렇게 오니까 길이 복잡하지 않고 좋은데요. 우진 씨는 운전할 때 항상 내비게이션을 이용하세요?
埃里克: 这样一来, 路不会很复杂, 很好。宇振你在开车时, 经常使用导航仪吗?

우진: 자주 그렇게 하지요. 빨리 가려면 차가 밀리지 않는 길로 해서 가야 하는데 내비게이션이 그런 길을 잘 알려 주니까요. 오늘도 생각보다 일찍 회사에 도착하겠어요.
宇振: 经常这样做吧。要快点走的话就要走不堵的路, 导航仪能告诉我这样的路。今天估计也能比预想的更早一些到达公司。

에릭: 그럼 사무실에 도착해서 커피 한 잔 합시다.
埃里克: 那到达办公室后喝杯咖啡吧。

- **读一读**

题目: 邀请参加湖水音乐会!
收件人: 郑天空(<hnjeong@yonsei.com>)
发送上次报名的湖水音乐会邀请函给您。在美丽的秋夜, 吹着凉爽的风的湖水上听的音乐! 会是在记忆中留下深刻印象的夜晚。
公园入口出示这张邀请函和身份证的话就会给你票。
如果想要好位子上就要抓紧了!

时间: 9月20日 星期六下午6点
地点: 仁州湖水公园
交通指南
1)高速大巴
仁州高速汽车站下车→对面公共汽车站35号、73路公共汽车上车→湖水公园站下车(20分钟)
在高速汽车站坐出租车需要5分钟左右。
2)驾车
高速公路仁州收费站→北仁州2公里→经过仁州十字路口后直行, 掉头→右侧有入口
免票停车3个小时。

第十二课 学校生活

<1> 课程和考试

学习目标: 能理解说明课程和考试的内容。

词汇

끝나다 结束　　마치다 结束
기억하다 记　　연습하다 联系
질문하다 提问　　대답하다 回答
버튼 按钮　　시험장 考场
학생증 学生证　　점 分
문장 句子, 文章　　지각하다 迟到
천천히 慢慢地　　중간시험 期中考试
마다 用于体词之后, 表示"每"的意思。

• **听一听**

1.

(1) 가: 숙제를 언제까지 내야 해요?
甲: 作业到什么时候为止要交?
나: 이번 주 금요일까지 내면 돼요.
乙: 到这周五为止交就行。

(2) 가: 교실 안이 너무 더워서 공부를 할 수 없어요. 에어컨을 어떻게 켜요?
甲: 教室里太热了, 没法学习。空调怎么开?
나: 여기 이 버튼을 누르면 돼요.
乙: 按这个按钮就行。

(3) 가: 시험을 잘 보고 싶은데 어떻게 해야 해요?
甲: 我想考好考试, 该怎么办?
나: 날마다 숙제를 열심히 하면 돼요.
乙: 只要每天认真做作业就行。

(4) 가: 오늘 배운 것이 너무 어려워서 혼자 공부하기가 힘들어요.
甲: 今天学的东西太难了, 一个人学习起来很难。
나: 저랑 같이 공부하면 되니까 걱정하지 마세요.
乙: 跟我一起学习就行, 不用担心。

2.

(1) 가: 내일 시험 보는 곳에 몇 시까지 가야 해요?
甲: 明天几点要去考试的地方?
나: 시험장에 8시 반까지 도착해야 시험을 볼 수 있어요.
乙: 8点半之前到考场才能参加考试。

(2) 가: 여기 커피숍은 좀 시끄러우니까 도서관에 가서 공부하자.
甲: 这里的咖啡馆有点吵, 去图书馆学习吧。
나: 학생증이 있어야 도서관에 들어갈 수 있는데 학생증을 안 가지고 왔어.
乙: 要有学生证才能进图书馆, 我没带学生证。

(3) 가: 시험에서 몇 점을 받아야 3급에 갈 수 있어요?
甲: 考试得考多少分才能上3级?
나: 60점 이상을 받아야 3급에 갈 수 있어요.
乙: 要拿到60分以上才能上3级。

(4) 가: 자꾸 배운 단어를 잊어버려서 걱정이야.
甲: 我老是忘记学过的单词, 所以很担心。
나: 단어가 들어간 문장을 연습해야 잊어버리지 않을 거야.
乙: 要练习有这些单词的句子才不会忘。

3~4.

선생님: 리타오 씨! 10분만 일찍 학교에 오면 되는데 왜 이렇게 자주 늦어요?
老师: 李涛! 你提早十分钟来学校就行, 为什么这么经常迟到呢?
리타오: 요즘 밤마다 드라마와 영화를 보고 늦게 자서 아침에 일찍 일어나는 것이 힘들어요.
李涛: 我最近每天晚上都看电视剧和电影, 所以很晚睡觉。早上起早很辛苦。
선생님: 일찍 자야 학교에 일찍 올 수 있어요. 다음부터는 지각하지 마세요.
老师: 要早点睡才能早点来学校。下次不要迟到。
리타오: 네. 죄송합니다. 앞으로는 9시까지 꼭 올게요.
李涛: 嗯, 对不起。以后我一定9点之前来。

5~7.

마리아: 유키 씨! 중간시험 날짜가 언제예요? 지난 주에 학교에 안 와서 선생님이 이야기 하신 것을 못 들었어요.
玛利亚: 由希! 期中考试日期是什么时候? 我上星期没来学校, 没听到老师说的。
유키: 시험은 다음 주 목요일과 금요일이에요. 목요일에는 말하기와 읽기 시험이 있고, 금요일에는 쓰기와 듣기 시험이 있어요.
由希: 考试是下周四和周五。周四有口语和阅读考试, 周五有写作和听力考试。
마리아: 그럼 빨리 시험 공부를 시작해야겠네요. 그런데 어떻게 해야 시험을잘 볼 수 있을까요?
玛利亚: 那得赶紧开始复习了呀。但是怎么样才能考好考试呢?
유키: 수업 시간에 배운 걸 열심히 복습하면 돼요. 그리고 그 동안 숙제한 것도 한번 다시 보고요.
由希: 认真复习在课堂上学习过的东西就行了。然后再看一遍这段时间做过的作业。
마리아: 열심히 복습을 하고 있지만 좀 걱정이 돼요.
玛利亚: 我虽然在认真复习, 但还是有点儿担心。
유키: 마리아 씨! 그럼 우리 같이 학교 도서관에서 공부할까요? 같이 공부하면 서로 모르는 것을 가르쳐 줄 수 있을 거예요.
由希: 玛利亚, 那我们一起去学校图书馆学习吧? 一起学习的话, 就可以互相教对方不知道的东西。

• **读一读**

我是这次韩国大学新入学的学生。刚来韩国不久, 还不太熟悉韩国生活。韩国朋友不多, 不知道的东西也很多, 所以大学生活有点困难。
这学期一共听4门课, 其中最难的课是写作课。我的韩语还不太好, 只有听了这门课才能在下学期申请专业课程。这门课虽然只考一次考试就行, 但是每星期都要做作业, 所以有点累。
最有趣的课程是韩国文化课。我对韩国文化很感兴趣，所以听这门课程真的很好。在这个课上，边看韩国电影和电视剧边可以学习韩国文化，真的很不错。课程也不枯燥乏味，所以每周的课都令人期待。
一起上课的朋友给我介绍了韩国料理社团。如果加入这个社团，不仅可以结交韩国朋友，还可以做韩国菜，所以我在考虑进这个社团。
今后我会认真听课，希望能多交些韩国朋友，并且相处愉快。

<2> 学校项目

学习目标：能理解在办公室咨询学校生活的内容。

词汇

등록하다 注册	신청서 申请书
신청 기간 申请期间	신청 결과 申请结果
확인하다 确认	등록금 学费
홈페이지 网页	등록 취소 取消注册
휴학하다 休学	언어 교환 语言交换
외국어 外语	정확하다 准确
오리엔테이션 新生说明会	모든 所有
편 篇	관심이 있다 有兴趣

- **听一听**

1.

(1) 가: 어디에 가는 중이에요?
甲：你去哪里?
나: 지금 학교 사무실에 가는 중인데요.
乙：我现在正在去学校办公室。

(2) 가: 강민지 씨 계십니까?
甲：姜敏智在吗?
나: 네, 바로 전데요. 누구세요?
乙： 嗯，我就是，你是谁?

(3) 가: 한국어학당 대강당이 어디예요?
甲：韩国语学堂大讲堂在哪儿?
나: 1층에 있는데요. 저기 계단으로 내려가시면 돼요.
乙： 在一楼，从那边的楼梯走下去就是。

(4) : 여기에서 한국 요리 배우기를 신청할 수 있어요?
甲：能在这里申请学习韩国料理吗?
나: 그건 한국어학당 홈페이지에서 해야 하는데요.
乙： 那个要在韩国语学堂网站上申请。

2.

한국어학당에 등록하려면 사무실에 신청서를 내거나 인터넷으로 신청해야 합니다. 신청을 한 후에 등록금은 은행에 내야 합니다. 등록금을 낸 후에 일이 생겨서 휴학을 하고 싶거나 등록을 취소하고 싶을 때는 반드시 사무실로 와야 합니다. 이메일이나 전화로는 취소할 수 없습니다. 한국 요리를 배우거나 언어교환을 하고 싶은 학생들은 한국어학당 홈페이지를 보면 됩니다.
要注册韩国语学堂的话，必须在办公室提交申请书或者通过网络申请。申请后学费应到银行去缴纳。交完学费后，如果有事情想要办理休学或者想取消注册的时候，一定要来办公室。不能用邮件或电话取消。想学习韩国料理或想进行语言交换的学生可以看韩国语学堂网站。

3~4.

(전화)
(电话)

직원: 여보세요. 연세 대학교 한국어학당입니다.
职员：喂，这里是延世大学韩国语学堂。
학생: 안녕하세요. 제 외국인 친구가 한국어학당에 다니고 싶어 하는데요. 한국말을 잘못 해서요. 등록 설명을 외국어로 듣고 싶은데 어떻게 해야 하나요?
学生：你好。我的外国朋友想去上韩国语学堂。因为韩语说得不太好。注册说明想用外语听的话该怎么办?
직원: 저희 사무실로 전화를 하시거나 홈페이지에 있는 주소로 이메일을 보내 주시면 직원이 외국어로 친절하게 설명해 드립니다.
职员：请拨打我们的办公室的电话或者给网页上的邮箱发邮件的话，职员们会亲切地用外语进行说明。
학생: 네 알겠습니다. 감사합니다.
学生：知道了。谢谢。

5~7.

직원: 네, 뭘 도와드릴까요?
职员：嗯，请问您有什么需要帮忙的吗?
학생: 제가 이번에 아르바이트를 시작해서 오전에 수업을 들을 수 없을 것 같은데요. 휴학을 신청하거나 저녁 수업으로 바꾸려면 어떻게 해야 해요?
学生：我这次因为开始做兼职，所以上午好像不能上课。如果想要申请休学或者换成晚上听课要怎么做?
직원: 전화나 인터넷 신청은 안 되고 직접 사무실로 오셔야 합니다. 둘 다 학기가 시작하기 전에 사무실로 오셔서 신청하셔야 합니다.
职员：不能拨打电话或网上申请，必须直接到办公室来。这两个都要在学期开始之前到办公室来申请。
학생: 오전 수업과 저녁 수업은 학기가 시작하는 날짜가 같은가요?
学生：上午的课程和晚上的课程开学的日子是一样的吗?
직원: 아니요, 저녁 수업은 학기가 시작하는 날짜와 끝나는 날짜가 오전 수업과 달라요. 정확한 수업 날짜와 시간을 잘 확인하시고 결정하세요.
职员：不，晚上的课程开始和结束的日期与上午的课程不一样。请准确地确认正确的上课日期和时间后做决定。
학생: 그럼 저녁 수업의 시간과 요일을 좀 가르쳐 주세요.
学生：那请告诉我晚上的上课时间和星期。
직원: 저녁 수업은 매주 월요일, 화요일, 목요일에 있고 6시 30분부터 9시 5분까지 수업합니다.
职员：晚上的课程是每周星期一、星期二、星期四上课，时间是6点30分到9点零5分。

- **读一读**

Q 学韩语的时候能做哪些有趣的事情呢?
A 韩国语学堂里有很多学生们可以参加的项目。我们一起来看一下都有什么样的节目吧?

*可以结交到韩国朋友的特殊时间：语言交换
想要练习韩国语或想结交韩国朋友的人，请申请语言交流项目。语言交换是帮助韩国大学生和韩国语学堂

学生练习外语的项目。申请了语言交换的所有学生一定要来参加开学说明会。
*做对身体有益并且美味的韩国菜:韩国料理
韩国料理是教韩国语学堂学生简单方便的韩国料理方法的项目。每年春季学期、秋季学期、冬季学期可以报名。喜欢做菜或对韩国菜感兴趣的学生请申请这个项目。

*通过韩国电影学习韩国语:韩国电影
在韩国语学堂每学期可以免费观看8部韩国电影。电影每星期三下午2点在大礼堂放映。对韩国电影感兴趣的人请到大礼堂来观看电影。

第十一课 - 第十二课 复习

第十一课 – 第十二课 词汇

웬일 什么事 글씨 字
틀리다 错 떨리다 紧张
일정 日程
연대 동문 회관 延世大学东门会馆
금화 터널 金华隧道
봉원 고가 차도 奉元高架车道

I. 听对话回答问题。

주앙: 여보세요? 제니야, 웬일이야?
胡安：喂? 珍妮, 你有什么事吗?
제니: 응, 주앙아. 중간 시험 끝났어? 난 오늘 시험 봤는데 너도 시험 끝났으면 한번 만나자.
珍妮：嗯, 胡安, 期中考试结束了吗? 我今天考完试了, 你考完试后见一面吧。
주앙: 넌 벌써 시험 봤어? 잘 봤지? 난 이번 주 목요일하고 금요일이 시험이야. 지금 공부하고 있는데 쓰기 시험 때문에 걱정이야. 아직 모르는 단어도 많고 글씨도 자꾸 틀리게 써.
胡安：你已经考完了吗? 考得很好吧? 我这周四和周五考试。现在正在复习, 很担心写作考试。 还有很多不认识的单词, 字也老是写错。
제니: 그럼 단어를 쓰면서 외우면 돼. 여러 번 써야 글씨를 틀리지 않아. 그런데 난 말하기 시험을 잘 못 본 것 같아. 말할 때 실수를 좀 했어. 말도 너무 천천히 한 것 같고.
珍妮：边写单词边背就行。要多写几次字才不会写错。不过我口语考试好像考得不好。说话的时候失误了几次, 话好像也说得很慢。
주앙: 말하기 시험을 잘 보려면 보통 때 연습을 많이 하면 되는데. 그런데 너 한국 친구들이 많아서 한국말로 많이 이야기하지 않아?
胡安：想考好口语考试的话, 通常多练习就可以。但是你韩国朋友很多, 不经常用韩语说话吗?
제니: 맞아. 그런데 시험 때는 너무 떨려서 말을 잘 못했어. 오늘은 너 공부해야 되니까 길게 전화 못하겠다. 다음 주에 한번 만나자.
珍妮：是的。但是考试的时候太紧张了, 说得不太好。你今天要复习, 电话不能多聊了。下周见一面吧。
주앙: 그럼 다음 주에 우리 학교로 올래?
胡安：那下周来我们学校吗?
제니: 그래, 좋아. 그런데 어떻게 가는지 잘 모르는데.
珍妮：嗯, 好啊, 可是我不知道怎么去。
주앙: 너희 학교 앞에서 지하철을 타고 을지로 3가에서 2호선으로 갈아타면 돼. 광화문으로 해서 오는 버스도 있는데 몇 번 버스인지는 잘 모르겠다. 인터넷에서 지도를 보거나 우리 학교 홈페이지에 한번 들어가서 찾아봐.
胡安：在你们学校前面坐地铁到乙支路3街换乘2号线就行。也有经过光化门过来的公共汽车, 但是不知道是几路公共汽车。在网上看地图或者在我们学校的主页上查找一下吧。

II. 阅读以下内容, 并回答问题

学校介绍	上课日程	注册向导	网上受理	宿舍/寄宿

- 问候
- 历史
- 老师/职员
- 交通指南

地铁	从2号线新村站3号出口出来后, 换乘7024路公交车, 然后在延世大学东门会馆下车。
公共汽车	272 606 708 6714 7017 7024 7737 在延世大学东门会馆下车。
驾车	在延大前面的十字路口往金华隧道方向行驶, 在奉元高架车道下面左转后, 从延世大学东门进入。要去韩国语学堂大楼的话直走350米左右后左转, 再往下行驶50米, 左侧就是韩国语学堂。

韩国的文化：图书馆的使用

-国立中央图书馆：是韩国最大的图书馆, 资料非常多。特别是数字图书馆设施非常好。
-南山图书馆：1922年开业的韩国最古老的图书馆。位于风景优美的南山, 在此会开办展示会、演讲会、文化教室等。
-首尔图书馆：旧首尔市政府大厦内设有的图书馆, 可搜索首尔市内图书馆的所有资料。

第十三课 公共机关

<1> 银行

学习目标: 能理解有关银行使用的内容。

词汇

현금 자동 인출기 自动取款机
통장 存折 계좌 账户
비밀번호 密码 현금 现金
번호표 排号 뽑다 抽, 拿

서명 签名
환전 兑换
원화 韩元
앱 应用程序
인터넷 뱅킹 网络银行
환율 汇率
인터넷 전문 은행 网上银行
다운로드 받다 下载

• 听一听

1.

(1) 손님, 번호표부터 뽑고 기다리세요.
顾客，请先拿号再等候。

(2) 카드부터 받으세요. 그럼 현금을 받을 수 있습니다.
请先收好您的卡，然后就可以收取现金了。

(3) 체크카드를 만들려면 통장부터 만들어야 합니다.
如果想办支票卡，要先做存折。

(4) 서류를 내기 전에 서명부터 해 주세요.
请在提交材料之前先签名。

2.

(1) 사람이 많아서 기다리는 동안 잡지를 봤어요.
人很多，所以在等待的时候看了杂志。

(2) 인터넷 뱅킹을 하는 동안 은행에서 문자를 받았어요.
在使用网络银行的时候，收到了银行的短信。

(3) 리타오 씨가 통장을 만드는 동안 저는 현금 자동 인출기에서 돈을 찾을게요.
李涛，在你办存折的时候，我去自动取款机取款。

(4) 친구가 은행에 갔다가 오는 동안 저는 숙제를 다 했어요.
在朋友去银行的时候，我做完了作业

3~4.

직원: 어서 오십시오. 어떻게 오셨습니까?
职员：欢迎光临。请问您要办什么？
손님: 인터넷 계좌를 만들려고 왔는데요.
客人：我来办网上账户。
직원: 그럼 번호표부터 뽑고 기다리십시오.
职员：请先拿号再等候。
손님: 오래 기다려야 하나요? 기다리는 동안 현금 자동 인출기에서 돈을 찾아도 될까요?
客人：需要等很久吗？在等待的时候可以在自动取款机取一下款吗？
직원: 네, 그러셔도 될 것 같습니다.
职员：嗯，好像可以。

5~7.

손님: 달러를 환전하려고 하는데요.
客人：我想兑换美元。
직원 : 얼마나 바꾸실 거예요?
职员：您要换多少？
손님: 오백 달러요. 그런데 환전하려면 여권이 필요한가요?
客人：500美元。但是如果想兑换货币的话，需要护照吗？
직원: 네, 외국인이 외국 돈을 환전하려면 여권이 필요합니다.
职员：是的，如果是外国人想兑换货币的话需要护照。
손님: 아, 그래요? 여기요. 그런데 오늘 환율은 어떻게 돼요?
客人：啊，是吗？给您。今天的汇率是多少？
직원: 1달러에 1,100원입니다. 먼저 여기에 서명부터 해 주시고요, 원화를 준비하는 동안 잠시만 기다려 주십시오.
职员：1美元兑换1,100元。请先在这儿签个字，在准备韩币的时候请稍等一下。

• 读一读

最近使用'网上银行'的人越来越多。所以今天我来向大家介绍一下网上银行。
如果想使用网上银行，首先要先下载应用程序。下载应用程序后开一个户就可以了。开户的时候还需要设置密码。这个密码在使用网上银行的时候一直都需要。
在账户里存入钱的后，就可以像普通银行一样使用。可以向别人汇款，也可以从银行借钱，还可以办支票卡。通常在银行享受服务时必须交费，但是在网上银行上都是免费的。
在网上银行，普通银行不能轻易做到的事情也可以轻松完成。在和朋友发短信的时候可以汇款或收款。在收发信息时，只要点击朋友的名字，就可以汇款。这个时候不知道朋友的银行账户号码也没关系。只要是可以用手机联系的朋友，都可以汇款。

<2> 购物

学习目标：能理解有关邮局使用的内容。

词汇

우편번호 邮政编码
등기 挂号 등기 우편 的略语
서비스 服务
배편 船运
부치다[2] 寄
소포 包裹
국제 특급(EMS) 邮政特快专递服务
길이 长度
이상 以上
크기 大小
하루 一天
팔다 卖
항공편 航运
엽서 明信片
우편 邮政
상자 箱子
무게 重量
할인율 折扣率
가격 价格

• 听一听

1.

(1) 가: 이 물건을 항공편으로 보내실 건가요? 배편으로 보내실 건가요?
甲：请问这个东西用空运寄？还是用海运寄？
나: 항공편으로 보내 주세요.
乙：请帮我用空运寄。

(2) 가: 어떤 꽃으로 하실 건가요?
甲：您要用什么样的花？
나: 빨간 장미 꽃다발로 할게요.
乙：我要用红色的玫瑰花束。

(3) 가: 이 엽서를 모두 러시아로 부치실 건가요?
乙：是的，都是寄往俄罗斯的。
나: 네, 모두 러시아로 보낼 거예요.
甲：这些明信片都要寄往俄罗斯吗？

(4) 가: 이 서비스를 신청하면 미국까지 며칠 걸리나요?
甲：申请这个服务的话，到美国需要几天时间？

나: 빠르면 하루 늦어도 이틀 안에 보내 드립니다. 신청하실 건가요?
乙：最快一天最晚二天之内到货。请问要申请吗?

2.

(1) 가: 배편으로 보내면 한 달쯤 걸립니다.
甲: 用海运寄的话，大概需要一个月左右。
나: 한 달이나요?
乙：整整一个月吗?

(2) 가: 이 물건은 작지만 5Kg이나 되는군요.
甲: 这个东西虽然小，但是整整有5Kg啊。
나: 5Kg이면 얼마예요?
乙：5Kg的话要多少钱?

(3) 가: 이 물건은 길이가 45cm나 되니까 5호 상자를 이용하셔야 합니다.
甲: 这个东西45厘米长，所以需要用5号箱子。
나: 5호면 제일 큰 상자지요?
乙：5号是最大的箱子吧?

(4) 가: 소포를 2개 이상 보내시면 5% 싸게 해 드립니다.
甲: 如果寄2个以上的包裹的话，可以便宜5%。
나: 5%나 할인이 돼요?
乙：打九五折吗?

3~4.

노라: 이 책을 노르웨이로 보내려고 하는데요.
诺拉：我想把这本书寄往挪威。

직원: 국제 특급 서비스를 이용하실 건가요? 국제 특급을 이용하시면 하루나 이틀 안에 배달이 됩니다.
职员：您想使用国际特级服务吗?使用国际特快专递的话，一天或两天内配送。

노라: 국제 특급으로 보내면 얼마예요?
诺拉：国际特级服务寄的话要多少钱?

직원: 책 무게가 780g이니까 34,000원을 내셔야 합니다.
职员：书的重量为780克，需要支付34,000韩元。

노라: 34,000원이나 내야 해요? 생각보다 비싸군요.
诺拉：要付34,000元吗?比想象的要贵啊。

5~7.

손님: 택배로 물건을 보내려고 하는데요. 너무 무거워서 못 가지고 왔어요. 집에서 보낼 수 있습니까?
客人：我想用快递寄东西。太沉了，没能拿过来。可以在家里寄吗?

직원: 네, 방문 서비스를 신청하시면 댁으로 저희 직원이 물건을 가지러 갑니다. 방문 서비스를 신청하실 건가요?
职员：如果您申请访问服务，我们的职员可以到您的家里去取货。请问要申请访问服务吗?

손님: 가격이 많이 비싼가요?
客人：价格贵吗?

직원: 많이 비싸지는 않습니다만 일이천 원정도 더 내셔야 합니다. 물건 무게가 얼마나 되나요?
职员：虽然不是特别贵，但是要多交一两千韩元左右。东西有多重?

손님: 32Kg정도 됩니다.
客人：32Kg左右。

직원: 32Kg이나 돼요? 그럼 돈을 좀 더 내셔야 합니다.
职员：32kg?那你得再多付点钱。

• **读一读**

各种邮局服务指南
-您要祝贺家人或朋友的特别的日子吗?
请使用邮局的贺卡服务。选择贺卡，写上您的祝词，一天之内会将贺卡配送到。同样的贺卡一次可以寄给整整100位。
-要给亲爱的人送花吗?
邮局来替您送花。配送美丽的花束的同时还可以传递信息。如果希望的话，同时还可以派送礼物。配送礼物的话要另外付钱。
-想吃好的食物吗?
在邮局有销售好吃又有利于身体健康的新鲜食品。用网络或电话订购的话，新鲜的水果、蔬菜、肉类、谷类等物品送货到家。
-您要继续使用昂贵的手机吗?
在邮局可以以低廉的价格购买到手机。邮局的手机服务比一般的手机服务便宜20~30%。

第十四课 电话

<1> 手机

学习目标: 能理解说明手机各种功能的内容。

词汇

통화하다 通话	계산하다 结算
녹음하다 录音	동영상을 보다 看视频
음성 메시지 语音信息	검색하다 搜索
속도 速度	기능 功能
기사 新闻	청소년 青少年
위험하다 危险	글씨 字

• **听一听**

1.

(1) 주앙아, 내일 5시에 반모임이 있어. 약속 장소는 학교 정문 앞이야.
胡安，明天5点有班聚会，约定的地点是学校正门前面。

(2) 흐엉 씨, 내일 약속 잊어버리지 않았지요? 에릭 씨는 못 올 거예요. 요즘 많이 바빠요.
香，你是不是忘记了明天的约定?埃里克不能来，他最近很忙。

(3) 유키 씨 들었어요? 마이클 씨가 지난주에 고향에 일이 있어서 미국에 돌아갔어요.
由希，你听说了吗?迈克尔家乡有事，所以上周回美国了。

(4) 리타오, 올리비아 씨 생일파티에 꽃다발 사 가지고 와. 노라는 케이크를 만들어 가지고 올 거야.
李涛， 奥莉维亚的生日派对请买花束来，诺拉会做蛋糕带来的。

2.

올리비아: 에릭 씨, 휴대 전화 좋은데요. 이거 어때요? 저도

바꿔야 해서요.

奥莉维亚：埃里克，手机看着很不错。这个怎么样？我也想换。

에릭: 어제 샀어요. 요즘 인기 있는 휴대 전화가 뭐냐고 하니까 이걸 보여 주셨어요. 동영상 속도가 빠르냐고 물어보니까 요즘은 다 빠르다고 했어요. 또 게임을 할 수 있냐고 하니까 전화 안에는 게임이 하나도 들어있지 않지만 무료로 살 수 있다고 했어요. 인터넷 검색이 잘 되냐고 하니까 다른 휴대 전화보다 속도도 빠르고 좋다고 해요. 올리비아 씨도 이걸로 한번 알아보세요.

埃里克： 我昨天买的。我问了最近有人气的手机是哪个，所以给我看了这个。我问了视频的速度快不快，他回答说最近的都很快。我还问了是否可以玩游戏，他回答说虽然手机里一个游戏都没有，但是可以免费购买。问网上搜索是否很快，他回答我这个手机比其他手机的速度更快更好。奥莉维亚，你也去了解一下这个吧。

3~4.

존: 윤아야, 조금 전에 어머니하고 통화했지? 무슨 일 있어?

约翰：允儿，你刚才跟妈妈通电话了吧？有什么事吗？

윤아: 아니, 어머니가 잘 지내냐고 물어보려고 전화하셨어.

允儿：不， 我妈妈打电话问我过得好不好。

존: 나도 멀리 있지만 일주일에 두세 번은 통화도 하고 메시지도 보내. 가끔 어머니께서 가족들이 모여서 찍은 사진이나 동영상을 보내 주시는데 그럴 때는 고향이 참 그리워.

约翰：我也是，虽然我离得很远，但是一星期会通两三次电话，偶尔也会发短信。有时候妈妈会发送家人们聚在一起的时候拍的照片或视频给我，那个时候真的很想念家乡。

윤아: 휴대 전화가 있어서 멀리 있는 가족들과 편하게 연락할 수 있으니까 좋네. 참, 존, 하늘이하고 통화했는데 내일 같이 등산을 할 수 있냐고 물었어. 내일 시간 있어?

允儿：因为有手机，所以可以和远方的家人联系，真好。对了，约翰，我和天空通了电话，他问能一起去登山吗？你明天有时间吗？

존: 좋지. 나도 갈 수 있다고 전해 줘.

约翰：好啊。你转告他我也可以去。

5~7.

에릭: 유키 씨, 요즘 사람들은 가족과 식사를 할 때도 친구와 이야기를 할 때도 모두 휴대 전화만 보고 있는 것 같아요. 신문 기사를 봤는데 청소년들에게 하루에 몇 시간 휴대 전화를 사용하냐고 물어보니까 3시간 이상 사용한다고 대답했어요. 길을 걸을 때도 위험하고 눈도 많이 나빠졌다고 해요.

埃里克：由希，最近和家人一起吃饭的时候，还有和朋友一起聊天的时候，好像大家都只在看手机。我看了报纸报道，询问了青少年每天使用几个小时的手机，他们回答说使用3个小时以上。走路的时候也很危险，视力也变差了很多。

유키: 하지만 휴대 전화가 있어서 좋은 점이 훨씬 많아요. 인터넷을 검색할 때도 컴퓨터가 없어도 되고, 모르는 단어가 있을 때 휴대 전화로 찾아보면 되니까 정말 생활이 편해졌어요. 무거운 카메라도 필요 없고 길 찾을 때도 알려 주고, 이제는 우리 생활에서 없으면 안 되는 물건인 것 같아요.

由希：但是手机也有很多优点。在网上搜索的时候，即使没有电脑也可以，有不懂的单词的时候，可以用手机查找，所以生活真的变得很方便。不需要沉重的摄像机，在找路的时候也会告诉我们，它像是现在我们生活中不可缺少的东西。

에릭: 그것도 맞는 말이네요.

埃里克：你说的也没错。

• **读一读**

最近从小孩到老人都有手机。很多人用手机通话或录音、计算、拍视频和摄影、玩游戏等等。
我们报社以20-30多岁和70多岁以上的老人共1000人为对象，对何时使用手机，使用时不方便的问题做了询问。
20-30多岁的人回答说用手机收看新闻或电视剧，然后进行购物或使用网上银行业务。回答说喜欢用手机拍照后上传到博客。
年龄较大的老人们与20-30岁不同，他们表示主要用于通话或发送信息。还有要计算物品价格的情况较多，这个时候用手机计算的话非常方便。偶尔也上网搜索，但因为字太小，所以不太方便。
因此，手机公司将会新制作老人们可以轻松搜索，并且可以看大字的手机。

<2> 信息

学习目标：能理解信息或便条的内容。

词汇

함께 一起	남기다 留
출발하다 出发	남산 南山
서울역 首尔站	낮잠 午睡
깜빡 忘	꼭 一定
기쁘다 高兴	

• **听一听**

1.

에릭: 유키 씨, 어제 레오 씨하고 통화했는데, 레오 씨가 시험이 끝나고 반 모임을 하자고 했어요. 오랜만에 같이 영화도 보고 쇼핑도 하자고 해요. 저녁 먹고 같이 노래방에도 가자고 하는데요.

埃里克：由希，昨天和利欧通了电话，利欧说考试结束后一起开班聚会。看场好久没看的电影，还提议去购物。吃完晚饭后再一起去练歌房。

유키: 정말 재밌겠어요. 좋아요. 그런데 지금 시간 있어요? 도서관에 가는데 같이 갈래요? 커피부터 한잔 마시고 숙제해요.

由希：听上去应该很有意思。好啊。你现在有空吗？我去图书馆，要一起去吗？先喝一杯咖啡然后再做作业。

에릭: 좋아요. 같이 가요.

埃里克：好啊。一起去吧。

2.

(1) 유키: 지금 4시인데 아직 출발 안 했어?
由希：现在4点了，还没出发吗?
존: 주앙이가 메시지를 보냈는데 5시까지 한강 공원 앞으로 오라고 했어.
约翰：胡安给我发了短信，让我5点为止到汉江公园前。

(2) 하숙집 아주머니: 하늘아, 어머니가 저녁에 전화하라고 하신 메모 봤어?
寄宿家庭大婶：天空，你看到你妈妈让你晚上打电话的便条了吗?
하늘: 저희 어머니가 전화하셨어요? 지금 해 봐야겠어요.
天空：我妈妈给我打电话了吗? 我现在来打。

(3) 유키: 흐엉 씨가 방금 메시지로 노라 씨 생일 파티를 할 식당을 예약하라고 했어요.
由希：香刚才发了短信，让我预约给诺拉开生日派对的饭店。
에릭: 제가 전화로 예약할게요.
埃里克：我来电话预约吧。

(4) 주앙: 저는 케이크를 샀는데 레오 씨는 마이클 씨 환송회에 뭘 사 가지고 갈 거예요?
胡安：我买了蛋糕。利欧，迈克尔的欢送会你买什么带去呢?
레오: 올리비아 씨가 꽃다발을 사 오라고 메시지를 보냈어요.
利欧：奥莉维亚给我发了短信，让我买花束带去。

3~4.

뚜— 뚜--(신호만 계속 가고 전화를 받지 않음.)
嘟--嘟--(有呼叫音，但是没人接。)

(유키가 혼잣말로) 에릭 씨가 전화를 왜 안 받지? 회사 일이 바쁜가? 음성 메시지를 남겨야겠다.
(由希自言自语)埃里克为什么不接电话呢? 公司工作忙吗? 给他留个语音信息吧。

삐--
嘟--

에릭 씨, 저 유키예요. 노라 씨가 오늘 저녁에 남산에 놀러 가자고 해요. 7시에 서울역 앞에서 만나자고 해요. 에릭 씨 회사가 서울역에서 가까우니까 바로 오세요. 노라 씨는 따로 혼자 오는데 서울역 앞이 복잡하니까 도착하면 저한테 전화하라고 했어요. 저녁부터 먹고 남산에 올라가요. 늦지 않게 오세요.
埃里克，我是由希。诺拉今天晚上约我们去南山玩。约7点在首尔站前面见面。埃里克公司离首尔车站很近，所以请直接过来吧。诺拉单独过来，因为首尔站前面很复杂，所以我让她到了后给我打电话。我们吃完晚饭后上南山。请不要迟到。

삐--
嘟--

5~7

흐엉: 레오 씨, 어제 친구 잘 만났어요?
香：利欧，你昨天见了朋友吗?
레오: 아니요, 못 만났어요. 친구가 급한 일이 생겨서 저한테 전화를 했는데 제가 전화를 집에 놓고 나가서 못 받았어요. 회사 일 때문에 못 나가니까 나오지 말라고 메시지도 계속 보냈다고 해요. 저는 혼자 1시간 쯤 기다리다가 집에 돌아왔어요.
利欧：不，没见成。因为朋友有急事，然后给我打了电话，我把电话落在家里了，没接到电话。他因为公司的事情不能来，所以还一直发短信让我不要来。我一个人等了一个小时左右，然后回家了。
흐엉: 어떻게 휴대 전화 없이 나갔어요? 저는 요즘 휴대 전화가 없으면 아무것도 못하는데.
香：怎么没有带手机就出去了? 我最近没有手机的话，什么都做不了。
레오: 어제 낮잠을 자다가 늦게 나갔어요. 정신이 없어서 휴대 전화를 깜빡 했어요.
利欧：昨天睡了午觉，所以出去晚了。因为没有精神，所以忘记带手机了。
흐엉: 그랬군요. 연락이 안 되니까 친구도 걱정을 많이 했을 것 같아요.
香：原来是这样啊。因为联系不上，朋友应该也很担心。
레오: 네, 친구가 이번주 토요일에 다시 만나자고 했어요. 친구가 저녁을 사겠다고 했어요.
利欧：是的，朋友约这个星期六再见面。朋友说请吃晚饭。

- **读一读**

天空，妈妈做了你喜欢的饺子拿来，你不在家啊。打了电话给你，可是你不接。你现在好像在上课。等了30分钟没来，所以留下这个纸条，然后打算回家。
你哥说下周是爷爷的生日，所以约全家人一起吃饭。好久不聚，说是会预约一个好点儿的餐厅，所以一定要来哦。据说，哥哥会把女朋友介绍给我们。虽然知道你最近学业繁忙，但还是希望你能来参加这次家庭聚会。你哥让我买爷爷的生日蛋糕，妈妈太忙了，你买蛋糕带来吧。
家人们很久没聚了，所以爷爷也很高兴。所以千万不能忘记。本来想要简单写的，越写越长。有空给妈妈打个电话。
-爱你的妈妈

第十三课 - 第十四课　复习

第十三课 - 第十四课　词汇

신기하다 神奇	우편함 邮箱
맞추다 遵守 (时间)	

I. 阅读以下内容，并回答问题。

我问过韩国朋友在哪里办存折。朋友说在邮局开户的话，有很多方便的地方，所以建议我在那里办理存折。于是来到韩国后，我便马上办了一个邮局的存折。
去了邮局后人很多。有取钱的人、申请支票卡的人、邮快递的人、邮寄包裹的人、往其他国家寄包裹的人，有很多人在邮局。拿了号码后，我前面有整整30个等候的人。在等待的过程中，我一边用手机听音乐，一边看杂志。大约20分钟后，职员喊了我的号码，我给了护照然后办了存折。
邮局职员说，如果下载邮局应用程序，就可以使用手机银行和快递服务。我通常用手机上网或者看视频，还能做其他的事情，让我觉得很神奇。交寄宿费的时候也不用直接去(㉮)了。在网上购物的时候，买了东西想换货时也很容易申请(㉯)了。用手机可以使用这么多的邮局服务。生活好像变得更便利了。

II. 听对话回答问题。

흐엉: 여보세요? 저 택배 때문에 전화 했는데요.
香：喂？我因为快递的事情打的电话。

우체국 직원: 네, 말씀하십시오.
邮局职员：嗯，请讲。

흐엉: 제가 며칠 전에 우체국 앱에서 택배를 보내려고 신청했는데요. 어제 우체국에서 저희 집에 방문한다고 메시지가 왔어요. 그런데 제가 밖에 있어서 택배 직원을 못 만났어요.
香：我前几天在邮局的应用程序上申请了快递发送。昨天邮局给我发短信说要到我家来。但是我在外面所以没见到快递职员。

우체국 직원: 잠깐만 기다리십시오. 제가 확인해 보겠습니다. 음, 저희 직원이 어제 오후 3시 쯤 댁에 방문했는데 아무도 안 계셔서 우편함에 메모를 남겼다고 합니다. 확인해 보셨나요?
邮局职员：请稍等。我来确认一下。嗯...我们职员昨天下午3点左右访问了您的家，但是因为没有人，所以在信箱里留了纸条。请问您确认了吗？

흐엉: 아, 못 봤어요. 그런데, 제가 지금 밖에 있어서 메모를 확인할 수가 없어요.
香：啊，我没有看到。但是，我现在在外面，所以无法确认纸条。

우체국 직원: 오늘 몇 시에 댁에 계실 건가요? 그 시간에 맞춰서 택배 직원에게 연락하겠습니다.
邮局职员：请问您今天几点在家？我按照那个时间来通知快递职员。

흐엉: 저는 2시 쯤 집에 도착할 것 같아요.
香：我大概2点钟左右可以到家。

우체국 직원: 그럼 먼저 택배 직원에게 전화부터 드리라고 전하겠습니다.
邮局职员：那我转告快递职员，先给您打个电话。

韩国的文化：公共事业费用自动缴纳机

去银行的话，可以在自动取款机旁边看到公共事业费用自动缴纳机。以前缴纳家里的物业管理费、天燃气费、水费、电话费时都要在窗口拿号码等候很久。但是现在因为有了公共事业费用自动缴纳机，只要有银行存折或信用卡，不用排队就可以立即缴纳。最近还可以用信用卡或网上银行更简便地支付了。

第十五课 预约和点餐

<1> 预订餐厅

学习目标：能理解用多种方法预订餐厅的内容。

词汇

기회 机会
예약석 预约席
날짜 日期
분위기 气氛
카페 咖啡厅
연말 年末
성함 "이름"的敬语，名字
마지막 最后
경험 经验
뷔페 自助餐
공휴일 公休日
잠시만요 稍等
계속 继续，不断
기대 期待
알리다 通知

• 听一听

1.

(1) 분위기가 좋은 카페라서 데이트할 때 가면 좋겠어요.
因为是氛围不错的咖啡厅，所以希望约会的时候能去。

(2) 인기가 많은 곳이라서 빨리 가서 줄을 서야 해요.
因为这里是很有人气的地方，所以得快点去排队。

(3) 오늘은 공휴일이라서 은행이 문을 열지 않아요.
因为今天是公休日，所以银行不开门。

(4) 연말이라서 식당을 예약하기가 어려울 것 같아요.
因为是年末，所以预订饭店好像会很难。

2.

유키: 윤아 씨, 이 식당은 뭐가 맛있어요? 제 동생은 한국 음식이 처음이라서 아주 기대하고 있어요.
由希：允儿，这家餐厅什么好吃？我妹妹是第一次吃韩国菜，所以她很期待。

윤아: 네, 유키 씨. 여기는 냉면이 유명한 식당이에요. 그런데 그쪽에 있는 물 좀 주시겠어요?
允儿：嗯，由希，这家餐厅的冷面很有名。不过能给我一下那边的水吗？

유키: 네, 여기요. 윤아 씨가 잘 아니까 좀 주문해 주세요. 그리고 제 동생에게도 물을 좀 주세요.
由希：嗯，给。因为允儿你很了解，所以请帮忙点菜吧。然后给我妹妹也倒点水。

윤아: 네, 알겠어요. 그런데 유키 씨 동생은 냉면을 알아요? 유키 씨가 동생에게 냉면이 무엇인지 일본말로 좀 설명해 주세요.
允儿：嗯，我知道了。但是，由希你的妹妹知道冷面吗？请你用日语给妹妹解释一下冷面。

3~4.

주인: Y 레스토랑입니다.
主人：这里是Y餐厅。

여자: 다음 주 금요일 저녁에 식사 예약을 하려고 하는데요.
女：我想预订下周五晚上的晚餐。

주인: 네, 4월 2일 금요일이요. 몇 시에 몇 분이지요?
主人：嗯，4月2日星期五。几点几位呢？

여자: 저녁 7시에 여덟 명이에요. 친구 생일이라서 파티를 하고 싶은데 방을 따로 예약할 수 있나요?
女：晚上7点8个人。因为是朋友的生日，所以想开派对，能另外预订房间吗？

주인: 잠시만요. 여덟 분이 들어가실 수 있는 방이 하나 남았네요. 금요일 저녁이라서 다른 방은 벌써 다 예약이 되었어요. 그럼 성함과 전화번호를 말씀해 주십시오.
主人：请稍等一下。8个人的房间还剩一个，因为是星期五晚上，所以其他的房间已经预订完了。请告诉我您的姓名和电话号码。

5~7.

존: 하늘아, 나 이것 좀 도와줘.

约翰：天空，请你帮我一下。

하늘: 뭔데, 존? 아, 인터넷으로 식당을 예약하려고?

天空：什么，约翰？啊，想在网上预订餐厅吗？

존: 응, 친구들이 나한테 예약을 해 달라고 부탁했는데 인터넷으로 하면 서비스로 음료수를 준다고 해서. 그런데 모르는 단어가 계속 나와서 좀 어렵다.

约翰：是的，朋友们拜托我预约，听说在网上预约的话会免费送饮料。但是因为总是有不懂的单词不断地出现，所以有点难。

하늘: 그래? 어디 볼까? 여기 '예약하기' 버튼부터 누르고, 그 다음에 예약 날짜와 시간을 고르면 돼.

天空：是吗？我来看看。点这里的"预约"键，接下来再选择预约日期和时间就可以。

존: 응, 그럼 8월 20일, 저녁 7시. 그 다음 단어는 무슨 말이야?

约翰：嗯，那8月20日，晚上7点。接下来的单词是什么意思啊？

하늘: 식당에 갈 사람이 몇 명이냐는 말이야.

天空：问去餐厅的人有几名的意思。

존: 그렇구나. 그럼 나까지 세 명. 그 다음에는 내 전화번호와 이메일 주소를 쓰는 거야?

约翰：原来是这样啊，包括我3个人。接下来是写我的电话号码和电子邮件地址吗？

하늘: 응. 이제 마지막으로 제일 아래에 있는 '예약 신청하기' 버튼을 눌러. 다 된 것 같은데... 와, 존 네 휴대전화로 예약이 됐다는 문자메시지가 벌써 왔네.

天空：嗯，最后按下最下面的"预约申请"按钮。好像弄好了... 哇，约翰你的手机里预约的短信已经来了。

• **读一读**

从下星期三开始连休，到时候姐姐和侄子从家乡来。能见一年没见的亲人真令人期待。昨天我给姐姐打电话，问她在韩国想做什么。因为姐姐是第一次来韩国，所以在韩国的期间想体验各种经历。让我给她介绍有名的旅游景点，还说想吃家乡吃不到的韩国菜。对韩国电视剧感兴趣的侄子让我带他去电视台。他还说想尝尝在电视剧中看到的辛辣的食物。侄子能吃韩国辛辣的食物吗？
拜托熟悉美食店的朋友介绍了卖辛辣食物的餐厅。朋友告诉了我几家餐厅。其中一家餐馆说是很有人气，想在休息日去的话就必须得预约。所以我今天就打电话预约了。在韩国旅行的期间，我的家人好像会想吃西餐，所以在网上打听了一下。我找到了一家自助餐厅，这里有世界各国的食物，所以觉得对我的家人来说很合适。因为预约的时候可以选择座位，所以我要了安静的座位。
姐姐和侄子来的话，虽然会有些忙，但是感觉能过一个愉快的连休。

<2> 订购外卖

学习目标：能理解订购外卖和确认的内容。

词汇

주문하다 订购
배달하다 送货
배달되다 送货
판 盘
결제하다 结算
늘 总是
간단하다 方便
거리 距离
배달비 配送费
장바구니 购物车
배달 시키다 点外卖
신용 카드 信用卡
팥빙수 红豆冰
방금 刚才
종류 总类
점수 分数
파스타 意大利面

• **听一听**

1.

(1) 남자: 피자는 몇 판 배달 시킬까요?
男：点几盘披萨呢？
여자: 한 판만 시킵시다.
女：就点一盘吧。

(2) 아이: 엄마, 과자 많이 사도 돼요?
小孩：妈妈，可以多买些饼干吗？
엄마: 안 돼. 오늘은 네가 먹고 싶은 거 한 개만 사라.
妈妈：不行，今天就只能买一个你想吃的。

(3) 남자: 주차료를 현금으로 낼 수 있나요?
男：停车费能用现金支付吗？
여자: 여기에서는 신용카드로만 결제할 수 있습니다.
女：这里只能用信用卡结算。

(4) 손님: 저쪽에서 먹어도 돼요?
客人：在那边吃也可以吗？
주인: 죄송합니다만 식당 안에서만 드실 수 있습니다.
主人：不好意思，只能在餐厅里面吃。

2.

노라: 유키 씨가 전에 한 번 왔던 식당이라고 했으니까 메뉴를 좀 골라주세요.

诺拉：由希这是你以前来过一次的饭店，所以请帮我挑选一下菜单。

유키: 네, 그럴게요. 제가 전에 먹었던 게 이 햄버거인데 정말 맛있었어요.

由希：嗯，好的。我之前吃的是这个汉堡，真的很好吃。

노라: 감자튀김도 같이 먹을까요?

诺拉：要不要再一起吃个炸薯条？

유키: 감자튀김은 안 먹어 봤는데 하나 시켜 볼까요? 그런데 그때 제가 봤던 사장님이 오늘은 안 계시네요. 아주 예쁘고 친절하셨어요. 처음 보는 남자 종업원들만 있군요.

由希：我没吃炸薯条，试一试？不过当时我看到的社长今天不在呢。她长得很漂亮而且很亲切。今天只有第一次见到的男服务员们。

노라: 그래요? 아, 우리 이따가 옆에 있는 커피숍에 가요. 전에 같이 팥빙수를 먹었던 곳이요.

诺拉：是吗？啊，我们一会儿去旁边的咖啡厅吧。是以前一起吃过红豆冰的地方。

3~4.

우진: 여보세요? 여기 서울 빌딩 302호인데요,

宇振：喂？这里是首尔大楼302号。

주인: 잠시만요, 302호요. 아, 아까 주문하셨던 분이네요.

主人：请稍等，302号。啊，是刚才点了餐的客人啊。

우진: 네, 자장면 주문한 지 30분이 지났는데 아직 안 와서

요. 곧 회의 시간인데... 늘 배달이 빨랐는데 오늘은 왜 이렇게 늦지요?
宇振: 是的, 炸酱面已经点了有30分钟了, 还没来。马上就要开会了... 平时一直送得很快, 今天怎么这么晚?

주인: 정말 죄송합니다, 손님. 오늘은 주문이 많이 밀려서요. 방금 출발했으니까 곧 배달될 거예요. 5분 정도만 더 기다려 주세요.
主人: 真抱歉, 客人。刚才已经出发了, 马上就能送到。请再稍等五分钟左右。

5~7.

주앙: 리타오, 아까 우리가 주문한 음식 도착할 시간 되지 않았어?
胡安: 李涛, 刚才我们点的菜到了到达的时候了吧?

리타오: 응. 그럼 내가 기숙사 밖으로 나가서 받아 가지고 올게.
李涛: 嗯, 那我去宿舍外面拿进来。

주앙: 1층에서 기다리고 있으면 돼. 배달하시는 분이 문 앞에 도착하면 그때 나가서 받는 거야. 결제는 했어?
胡安: 在1楼等就行。送货的人到了门口, 那个时候你再出去拿。结算完了吗?

리타오: 응, 아까 앱으로 주문할 때 했어. 휴대 전화로 결제하니까 빠르고 간단해서 참 좋아.
李涛: 嗯, 刚才用应用程序订购的时候结了。用手机结算, 又快又方便真好。

주앙: 그렇지. 아, 우리가 음식을 여러 종류 시켰으니까 음식을 받으면서 잘 확인해야 돼. 내가 전에 시켰던 곳에서는 치킨만 가지고 오고 음료수를 안 가지고 왔어.
胡安: 是的。啊, 我们点了好几种食物, 所以收食物的时候要好好确认。之前点的地方只拿来了炸鸡, 没带饮料来。

리타오: 응, 알겠어. 금방 갔다 올게.
李涛: 嗯。我知道了。我马上就回来。

• **读一读**

< Hey 披萨>			< 披萨意大利>		
送货时间 : 每天上午 11:00-下午11:00 地址 : 首尔市西大门区沧川洞 送货距离 : 1.5km 分数 : 4.1 ★ 只订购一盘披萨的话, 会有配送费(3000韩元)。订购两盘以上或者一起点披萨和炸鸡的话, 免配送费。 ★ 订购大号披萨的话, 免费赠送可乐或汽水。			送货时间 : 每天上午 11:30-下午 10:00 地址 : 首尔市麻浦区上水洞 送货距离 : 2km 分数 : 4.3 ★ 订购10,000韩币以上才能配送。 (配送费1000韩元) ★之前订购过的顾客, 将赠送可在下次使用的八折优惠券。		
菜单 披萨 ▷ 炸鸡 ▷ 饮料 ▷			菜单 披萨 ▷ 意大利面 ▷ 饮料 ▷		
购物车	订购	结算	购物车	订购	结算

第十六课 健康

<1> 医院

学习目标: 能理解向朋友或医生说明生病症状的内容。

词汇

속 肚子	붓다 肿
감기에 걸리다 得感冒	환자 病人
배탈나다 腹泻	소화 消化
변비 便秘	기침을 하다 咳嗽
열이 나다 发烧	넘어지다 摔倒
검사 检查	깁스를 하다 打石膏
낫다 好	짓다 搅
차다 冰	심하다 严重
콧물이 나다 流鼻涕	

• **听一听**

1.

(1) 가: 어제 술을 마신데다가 늦게 자서 머리가 좀 아파요.
甲: 昨天喝了酒, 再加上睡得晚, 所以有点儿头疼。

나: 빨리 집에 가서 쉬어야겠네요.
乙: 那得快点回家休息。

(2) 가: 기침을 많이 하는데다가 열도 나요.
甲: 咳嗽的厉害, 而且在发烧。

나: 감기에 걸린 것 같은데요. 병원에 가 보세요.
乙: 好像是感冒了, 去医院看看吧。

(3) 가: 오늘 왜 이렇게 기다리는 사람이 많아요?
甲: 今天为什么等着的人这么多?

나: 요즘 감기가 유행인데다가 다른 병원이 쉬는 날이라서 그래요.
乙: 最近流行感冒, 再加上是其他医院休息的日子。

(4) 가: 목이 좀 아픈데 오늘 김선생님 좀 뵐 수 있나요?
甲: 嗓子有点疼, 今天能见见金医生吗?

나: 오늘은 예약 환자가 많은데다가 곧 문을 닫을 시간이니까 내일 오세요.
乙: 今天预约的病人很多, 而且快到关门的时间了, 明天来吧。

2.

저는 스키를 타다가 넘어졌습니다. 손이 아파서 장갑을 벗었는데 손이 부은 것 같았습니다. 그래서 병원에 갔는데 선생님이 검사를 한 후에 깁스를 해야 한다고 하셨습니다. 또 깁스를 한 후에는 약국에 가서 약을 지어 먹으라고 하셨습니다. 손을 사용할 수 없으니까 너무 불편합니다. 약을 먹고 빨리 손이 나았으면 좋겠습니다.

我滑雪的时候摔倒了, 手很疼, 脱下手套后发现手好像肿了。于是我去医院检查了, 医生检查后说要打石膏。并且让我打完石膏后, 还要去药店抓药吃。因为不能使用手, 所以非常不方便。希望吃了药能快点好起来。

3~4.

흐엉: 주앙 씨! 감기는 좀 어때요? 아직도 기침이 심해요?
香: 胡安! 感冒怎么样了? 你咳嗽还很严重吗?

주앙: 아니요, 병원에 갔다가 와서 많이 나았어요. 기침도 별로 안하는데다가 목 부은 것도 괜찮아졌어요.
胡安 : 不, 去医院回来后好多了。不怎么咳嗽了, 而且嗓子肿的也没事了。

흐엉: 지난주에 기침을 많이 해서 걱정했는데 다행이네요.
香 : 上周你咳嗽得很厉害我很担心, 那我就放心了。

주앙: 흐엉 씨 말을 듣고 빨리 병원에 가길 잘 한 것 같아요. 고마워요.
胡安 : 我听了香你的话, 快点去了医院, 是一个正确的选择。谢谢你。

5~7.
의사: 어디가 안 좋으시죠?
医生 : 你哪里不舒服?

유키: 요즘 배에서 소리가 나는데다가 화장실에도 자주 가요. 배도 많이 아프고요.
由希 : 最近不仅肚子里老是发出声音, 还经常去洗手间。肚子也很疼。

의사: 혹시 찬 음식을 많이 드셨나요?
医生 : 你吃了很多冷的食物吗?

유키: 네. 요즘 날씨가 너무 더워서 아이스크림하고 빙수를 자주 먹었어요.
由希 : 是的, 因为最近天气太热, 所以经常吃冰淇淋和冰沙。

의사: 음..... 어디 봅시다. (진료 중) 배탈이 난 것 같습니다. 심하지 않으니까 너무 걱정하지 마세요. 배를 따뜻하게 하고 푹 쉬셔야 빨리 나을 거예요. 약도 잘 드시고요. 혹시 약을 다 먹은 후에도 계속 아프시면 다시 병원에 오세요.
医生 : 嗯...我看看... (诊疗中)好像是吃坏肚子了。不是很严重, 所以不要太担心。暖暖肚子, 好好休息, 才能快点恢复。好好吃药, 如果吃完药后继续疼的话再来一趟医院。

유키: 네. 선생님 감사합니다.
由希 : 嗯, 谢谢老师。

• **读一读**

最近天气很热, 所以每天晚上都开着空调睡觉。但是从昨天早晨开始, 突然感到浑身发抖, 嗓子也很疼。咳嗽得厉害, 还流鼻涕。开始觉得休息一下会好起来的, 但是睡了一觉醒来后喉咙更疼了, 还发了很高的烧。所以去了家附近的医院。
因为是第一次去韩国医院, 所以有些害怕, 同时也有些担心。医院里等着见医生的病人很多。在等待的时候, 我想了一下如何用韩语解释才好。轮到我去见医生了。医生非常亲切地问起哪里疼什么时候开始疼的, 并一直等到我回答。听完我的话后, 检查了几项, 说我得了重感冒。说好像是因为我每天晚上开着空调睡觉, 所以得了重感冒。他说我的嗓子肿得厉害, 不能吃冷的东西。说要保持脖子温暖, 然后吃三天药。他还说如果晚上开着空调睡觉, 会加重感冒, 所以到感冒完全好为止, 不能开着空调睡觉。因为身体不舒服, 不想学习, 生活非常困难。以后打算不开着空调睡觉了。希望感冒能快点好。

<2> 药店

学习目标: 能理解说明药的种类和效果的内容。

词汇

기침약 咳嗽药	소독약 消毒药
소화제 消化药	두통 头痛
두통약 头痛药	변비약 便秘药
한약 韩药	종합 综合
감기약 感冒药	수술을 받다 接受手术
바르다 涂	입원 住院
평소 平常	도움 帮助
상처 伤口	다치다 受伤
치료 治疗	알 颗, 粒
어린이 儿童	흔들다 摇动

• **听一听**

1.
(1) 가: 목이 좀 아픈데 집에 약이 있어
甲 : 嗓子有点疼, 家里有药吗?
나: 약은 없는데 어떻게 하지? 따뜻한 차라도 한 잔 마실래?
乙 : 没有药, 怎么办呢? 喝一杯热茶吗?

(2) 가: 배가 아파서 병원에 가 봐야겠어요.
甲 : 我肚子疼, 得去医院看看。
나: 지금은 병원이 문을 닫았을 시간이에요. 우선 이 앞의 약국에라도 먼저 가 보세요.
乙 : 现在是医院关门的时间了, 先去去看前面的药店吧。

(3) 가: 선생님! 목감기약을 사러 왔는데요.
甲 : 医生, 我来买咽喉肿大性感冒药。
나: 지금은 목감기약이 없는데요. 비슷한 종합감기약이라도 드셔 보실래요?
乙 : 现在没有咽喉肿大性感冒药, 要试试类似的综合感冒药吗?

(4) 가: 머리가 아파서 잠이 안 와.
甲 : 头痛得睡不着。
나: 밖에 나가서 같이 산책이라도 좀 할까? 맑은 공기를 마시면 괜찮아질 거야.
乙 : 一起出去散步怎么样? 呼吸新鲜空气的话, 会好点的。

2.
(1) 가: 저... 많이 안 좋은가요?
甲 : 那个… 不太好吗?
나: 네, 빨리 수술을 받지 않으면 안 됩니다.
乙 : 是的, 必须尽快接受手术。

(2) 가: 지금 약을 바를까요?
甲 : 现在要上药吗?
나: 아니요, 약을 바르기 전에 소독부터 하지 않으면 안 됩니다.
乙 : 不, 在涂药之前, 不先消毒不行。

(3) 가: 스키를 타다가 넘어졌는데 다리가 많이 아파요.
甲：我在滑雪的时候摔倒了，腿很疼。

나: 생각보다 많이 다쳐서 깁스를 하지 않으면 안 되겠네요.
乙：伤得比预想的厉害，非打石膏不行。

(4) 가: 선생님! 꼭 입원해야 하나요?
甲： 医生，一定要住院吗？

나: 네. 빨리 나으시려면 입원해서 치료를 받지 않으면 안 돼요.
乙：是的，你想快点康复的话，必须住院接受治疗。

3~4

존: 노라 씨! 혹시 근처에 약국이 어디 있는지 알아요? 저녁을 많이 먹었는지 소화가 잘 안돼요.
约翰：诺拉，你知道附近的药店在哪里吗？我好像吃多了，消化不太好。

노라: 지금 시간이 늦어서 문을 연 약국이 없을 것 같은데요.
诺拉：现在时间很晚了，好像没有药店开门了。

존: 진짜요? 속이 너무 안 좋아서 지금 소화제를 먹지 않으면 안 될 것 같은데......
约翰：真的吗？肚子很不舒服，现在不吃消化药的话好像不行...

노라: 그럼 존 씨! 근처 편의점에라도 가 볼래요? 요즘에는 편의점에서도 소화제를 살 수 있어요.
诺拉：约翰！那要不要去附近的便利店看看？最近在便利店也可以买到消化药。

5~7

약사: 어서 오세요. 어디가 불편하시죠?
药剂师：欢迎光临。您哪里不舒服？

에릭: 제가 화장실에 못 간지 3일쯤 되었는데 오늘 아침부터 아랫배가 너무 아파요.
埃里克：我3天没上厕所了，今天早晨开始小肚子很疼。

약사: 병원에는 가 보셨어요?
药剂师：去过医院了吗？

에릭: 아직요. 일이 늦게 끝나서 오늘 같은 평일에는 병원에 갈 시간이 없어요.
埃里克：还没，因为工作很晚结束，所以像今天这样的工作日没时间去医院。

약사: 그럼 우선 이 변비약이라도 드셔 보세요. 혹시 평소에 물을 잘 안 드시나요?
药剂师：那你先尝尝这个便秘药吧。你是不是平时不怎么喝水？

에릭: 네. 별로 안 마시는데요.
埃里克：是的，不怎么喝。

약사: 변비가 심할 때는 물을 많이 드시지 않으면 안돼요. 그리고 채소나 과일을 많이 드시는 것도 변비에 도움이 되니까 날마다 드세요. 이 약을 먹은 후에도 변비가 심하면 병원에 가 보세요.
药剂师：便秘严重时，不多喝水不行。还有多吃蔬菜或水果都有助于治疗便秘，所以请每天吃。如果吃了这个药后便秘还很严重的话，就去医院看看吧。

• **读一读**

<table>
<tr><td colspan="2">休息天或深夜突然生病了的时候很担心吧？不能去医院的时候，哪怕吃点药也好吧？此药箱内装有急诊时所需的药物，以便轻松地治疗。</td></tr>
<tr><td>孩子玩摔倒的时候，你只涂药吗？即使是很小的伤口，不消毒也不行。要对受伤部位进行消毒后，涂抹药伤口才不会恶化。
※本产品仅涂抹一两次即可。</td><td>你头疼得厉害，晚上没睡好觉吗？因为头痛，工作和学习都很累吗？这样的人需要这种药。
※此药一天不能吃三片以上。</td></tr>
<tr><td>饭吃多了肚子不舒服吗？胃不舒服或消化不良的时候，请服用此药物。
※必须饭后30分钟后吃。</td><td>孩子感冒了，发烧，还咳嗽，是不是很担心？这个时候吃这个药比较好。
※因为必须把底部的药搅匀，所以必须摇着喝。</td></tr>
</table>

第十五课 - 第十六课　复习

第十五课 – 第十六课 词汇

훌륭하다 优秀　　　주차장 停车场
무리하다 勉强，硬撑

I. 话回答问

직원: 네, 여보세요. 레스토랑 스텔라입니다.
职员：嗯，喂，这里是餐厅stella。

노라: 안녕하세요. 중요한 약속이 있어서 예약 좀 하려고 하는데요.
诺拉：你好，我有重要的约会，所以我想预约一下。

직원: 언제로 예약해 드릴까요?
职员：您要预约几点？

노라: 토요일 점심에 4명이요. 제 이름은 노라이고요. 지난번에 앉았던 창가자리에 다시 앉고 싶은데 예약이 될까요?
诺拉：星期六中午4个人。我的名字叫诺拉，我想再坐上次坐过的靠窗的位置，能预约吗？

직원: 창가자리는 인기가 많기 때문에 주말에는 2주일 전에 예약하지 않으면 안 됩니다. 이번 토요일은 제일 안쪽 자리만 있습니다. 그 자리라도 예약 해 드릴까요?
职员：由于靠窗的位置人气很高，所以周末的必须在两周前预约，这个星期六只有里边的座位。帮您预约那个位子吗？

노라: 그래요? 그럼 그 자리라도 예약해 주세요.
诺拉：是吗？那哪怕是那个座位也请帮忙预约吧。

직원: 네. 알겠습니다. 이번 토요일 1시에 4분 예약되셨습니다. 혹시 차를 가지고 오시나요?

职员：好的，知道了。预约了这周六1点4位，请问您开车来吗？

노라: 네. 차를 가지고 가려고 하는데요.
诺拉：是的，我打算开车去。

직원: 저희 주차장이 좁은데다가 근처 교통이 복잡해요. 도착하시면 저희 직원에게 주차해 달라고 이야기해 주세요. 그럼 직원이 나가서 주차를 도와 드릴 거예요.
职员：我们的停车场很窄，再加上附近的交通很复杂。到达后请告知我们的职员，跟他说让他帮忙停车。那么职员就会出去帮忙停车的。

II.

前天晚上和朋友们一起去了一家漂亮的餐厅。不仅氛围很好，而且饭菜也很好吃，所以吃得比平时多。
但是吃完饭后胃很不舒服，肚子也开始疼。其他朋友都没问题，只有我肚子疼。去了好几次洗手间，肚子也一直很不舒服。虽然吃了药，但一直肚子很疼，所以去了上次感冒的时候去过的医院。
在医院等了一会儿后，我见到了医生。医生让我告诉他什么时候开始疼的和怎么个疼法。医生说我吃坏肚子了。想快点好的话，就得注意饮食。还说休息很重要，所以让我不要太勉强。然后让我好好吃药。
肚子疼，一直去洗手间，所以睡不好觉，太累了。希望吃了药能够快点康复。

韩国的文化：在便利店能买到的药

药只能在药店买到吗？最近在便利店也可以买到药。深夜或周末药店关门的时候，去便利店的话，有止痛药、消化药、消毒药、膏药、退烧药、感冒药等生活必需的药物。但是药吃多了会出问题，所以不能一次性买多个相同的药。需要紧急药物的时候，就去一趟便利店吧。

第十七课 兴趣爱好

<1> 介绍兴趣爱好

学习目标：能理解介绍各种各样的兴趣爱好的内容。

词汇

코미디 喜剧	액션 武打
공포 恐怖	공상 과학 科学幻想
웃다 笑	미래 未来
세상 世界	로맨틱하다 浪漫
장면 场面	거의 几乎
이상하다 奇怪	볼링 保龄球
즐기다 享受	세 岁
결과 结果	등 等
이후 以后	드라마 电视剧

• **听一听**

1.

(1) 노래를 못해도 노래방에 가는 걸 좋아해요.
即使歌唱得不好，也喜欢去练歌房。

(2) 날마다 연습해도 테니스를 잘 못 치겠어요.
即使每天练习，也打不好网球。

(3) 무서워도 재미있어서 공포 영화를 자주 봐요
虽然很可怕但是很有意思，所以经常看恐怖电影。

(4) 한국 영화를 보고 싶어도 우리 나라 영화관에서는 한국 영화를 거의 볼 수 없어요.
我想看韩国电影，但是在我们国家的电影院里几乎看不到韩国电影。

2.

우리 언니의 취미는 노래방에 가는 거예요. 제가 아는 사람 중에 언니만큼 노래를 잘 부르는 사람이 없어요. 춤도 언니만큼 잘 추는 사람을 못 봤어요. 언니는 노래방에서 가끔 한국 노래도 부르는데 한국어 발음이 이상해서 우리 나라 노래만큼 잘 부르지는 못 해요. 언니는 한국 영화 보는 것도 좋아해요. 우리 언니만큼 한국 영화를 많이 본 사람은 없을 거예요.
我姐姐的爱好是去练歌房。我认识的人里面，没有像姐姐一样歌唱得那么好的人。在跳舞方面，也没见过像姐姐一样那么擅长跳舞的人。姐姐在练歌房偶尔也会唱韩国歌，但是韩语发音很奇怪，所以唱得不像我们国家的歌曲那么好。姐姐还喜欢看韩国电影，应该不会有像我姐姐一样看了这么多韩国电影的人。

3~4.

흐엉: 에릭 씨는 취미가 뭐예요?
香：埃里克你的兴趣爱好是什么？

에릭: 저는 볼링을 좋아해서 친구들하고 볼링장에 자주 가요. 일이 많아도 일주일에 한 번은 꼭 가요. 흐엉 씨는요?
埃里克：我很喜欢打保龄球，所以经常和朋友们一起去保龄球场。即使事情很多，每周也一定去一次。香你呢？

흐엉: 저는 요리를 좋아해요. 저만큼 베트남 요리를 맛있게 만드는 사람은 없을 거예요. (웃음)
香：我喜欢做料理。应该没有像我一样越南菜做得这么好吃的人。(笑)

에릭: 그래요? 한 번 먹어보고 싶은데요.
埃里克：是吗？我想尝一尝。

5~7.

올리비아: 레오 씨, 취미가 뭐예요?
奥莉维亚：利欧，你的兴趣爱好是什么？

레오: 저는 여행을 좋아해요. 여행을 하면 많은 경험을 할 수 있어서 좋아요.
利欧：我喜欢旅行，去旅行的话，能积累很多经验，所以很不错。

올리비아: 그럼 한국에서도 여행을 많이 하셨나요?
奥莉维亚：那你在韩国也旅行过很多次吗？

레오: 네, 외국 사람 중에 저만큼 여행을 많이 한 사람이 없을 거예요. 한국에서 유명한 곳은 다 가 봤어요. 올리비아 씨도 여행을 좋아하세요?
利欧：是的，在外国人里应该不会有比我旅行还多的人。韩国有名的地方都去过了。奥莉维亚你也喜欢旅行吗？

올리비아: 네, 저도 취미가 여행이에요. 사진 찍는 것도 좋아해서 여행을 가면 사진을 많이 찍어요. 하지만 한국에서는 바빠서 많이 못 했어요.
奥莉维亚：是的，我的兴趣爱好也是旅行。而且我还喜欢拍照，所以去旅行的话会拍很多照片。但是在韩国因为太忙，所以没能经常去。

레오: 바빠도 취미 생활을 즐기세요. 다음에 시간이 되면 친구들과 함께 여행을 갑시다.
利欧：即使忙也请享受趣味生活吧。下次有时间的话和朋友们一起去旅游吧。

• 读一读

韩国人在趣味生活中会经常做什么呢? 以下是对从15岁到60岁的3000名男女进行询问的结果。
在兴趣爱好中，没有比登山(14%)更受欢迎的。接下来韩国人经常喜欢听音乐(6%)、运动(5%)、游戏(4%)、看电影(4%)等等。
40岁以上的人作为兴趣爱好的登山最多。但是20多岁的年轻人最爱听歌。并且20多岁的人和听音乐一样经常看电影。一个人的时候经常听音乐，见朋友的时候经常看电影。
那么韩国人喜欢什么样的电影呢?
韩国人最喜欢的电影种类是武打片(26%)。科幻片(20%)、电视剧(12%)、浪漫喜剧(10%)也深受喜爱。所有年龄的男性都最喜欢看武打片并且经常看。女性最喜欢的电影也是武打片。但据说，即使大部分女性都喜欢武打片，但是10多岁的女性更喜欢浪漫喜剧片。

<2> 兴趣活动

学习目标: 能理解说明兴趣活动的内容。

词汇

동전 硬币	당구 台球
연극 话剧	피아노 钢琴
강아지 小狗	우표 邮票
드럼 架子鼓	키우다 养
모으다 收集	잡다 抓
소파 沙发	책장 书架
밴드 乐队	모습 模样
악기 乐器	펜팔 笔友
옛날 以前	

• 听一听

1.
저는 운동을 좋아해요. 특히 탁구와 테니스를 자주 쳐요. 고향에 있을 때부터 탁구는 칠 줄 알았는데 테니스는 칠 줄 몰랐어요. 하지만 한국에 와서 테니스를 배워서 이젠 잘 칠 수 있게 됐어요. 낚시도 잘 하는데 잡은 생선으로 요리를 할 줄은 몰라요. 그리고 아직 스키를 탈 줄 몰라요. 하지만 제 친한 친구가 스키를 잘 타서 이번 겨울에 저에게 가르쳐 줄 거예요.
我喜欢做运动，特别是经常打乒乓球和网球。从在家乡的时候开始我就会打乒乓球，但是不会打网球。但是来到韩国之后，学了打网球，所以现在可以打得很好了。鱼钓得也很好，但不知道怎么拿钓到的鱼做菜。另外我还不会滑雪。但是我的好朋友滑得不错，所以这个冬天他会教我。

2.
여기는 우리 집 거실이에요. 거실에 누나가 학생 때 취미로 치던 피아노가 있어요. 피아노 옆에는 형과 제가 어렸을 때 가지고 놀던 게임들이 많이 있고요. 소파에는 제가 그때 읽던 만화책이 있네요. 그 앞에는 어머니께서 드시던 커피도 있고요. 책장에는 아버지께서 여행을 하면서 모으신 동전 상자가 있어요. 책장 앞에 있는 강아지는 할머니께서 키우시던 강아지인데 지금은 우리 집에서 살아요.
这里是我们家的客厅。客厅里有姐姐在学生时代当做爱好弹过的钢琴。在钢琴旁边有很多哥哥和我小时候玩的游戏。沙发上有我那时候读过的漫画书呢。那前面还有妈妈喝过的咖啡。书架上有爸爸在旅行的时候收集的硬币箱子。书架前面的小狗是奶奶养过的小狗，现在住在我家。

3~4.
우진: 에릭 씨, 퇴근 후에 당구 치러 갈래요?
宇振：埃里克，下班后去打台球吗?

에릭: 당구요? 우진 씨 미안하지만 저는 당구를 칠 줄 모르는데요.
埃里克：台球吗? 宇振不好意思，我不会打台球。

우진: 그래요? 그럼 무슨 운동을 좋아하세요?
宇振：是吗? 那你喜欢什么运动?

에릭: 미국에 있을 때 자주 하던 운동은 농구인데요, 요즘은 볼링을 자주 쳐요. 우진 씨도 농구나 볼링을 좋아하세요?
埃里克：在美国的时候经常做的运动是篮球，最近经常打保龄球。宇振你也喜欢篮球或保龄球吗?

우진: 둘 다 잘 하지는 못하지만 할 줄은 알아요. 그럼 오늘은 볼링을 치러 갈까요?
宇振：虽然两个都玩得不太好，不过我会玩。那今天去打保龄球吗?

5~7.
하늘: 주앙아, 사진에서 드럼 치는 이 남자가 너야?
天空：胡安，照片上打架子鼓的这个男生是你吗?

주앙: 응, 하늘아. 나 고등학교 때 학교 밴드에서 드럼 쳤어. 이 사진은 내가 드럼 치던 모습을 찍은 거고.
胡安：是的，天空。我高中的时候在学校乐队打过架子鼓。这张照片拍的是我打架子鼓的样子。

하늘: 와, 멋있다. 드럼도 칠 줄 알고…
天空：哇，真帅。你还会打架子鼓。

주앙: 지금도 가끔 치는데 드럼을 치면 기분이 좋아지는 것 같아. 너는 할 줄 아는 악기가 없어?
胡安：现在也偶尔打，打架子鼓的话心情会变好。你有没有会弹的乐器?

하늘: 초등학교 때 피아노를 조금 배웠지만 별로 잘 치지는 못해. 나도 드럼 칠 줄 알면 좋겠는데…
天空：小学的时候学了一点钢琴，但弹得不太好。我要是也会打架子鼓就好了......

주앙: 그럼 나한테 배울래?
胡安：那要跟我学吗?

• **读一读**

Q : 你好? 我是在韩国学习韩语的外国学生。我的韩语还不好, 有什么有助于学习韩语的兴趣爱好吗? 因为我是留学生, 所以最好是免费的。
A : 你好? 我是来了韩国5年左右的人。我来向你介绍一下我刚来韩国的时候经常做的事情。哪怕是韩语不好, 只要会一点点, 就能轻松愉快地做下去的业余活动。
1. 和韩国朋友做笔友
之前以写信或发电子邮件形式做的笔友, 最近通过移动应用或社交网络成为笔友更容易。做笔友可以交到韩国朋友, 也可以学习韩语和文化。
2. 写漂亮的字
用手写漂亮的字也可以成为很好的趣味活动。因为是设计字体, 所以不太会韩语也没关系。只要有纸和铅笔就可以, 会写很多韩语所以有助于学习韩语。
3.在博客写日记
你会做博客吧? 那用韩语来做博客吧。如果在博客上把韩国生活像日记一样写的话对学习韩语很有帮助。和照片一起上传的话, 以后回家乡后也能记住在韩国吃过的食物和经常去的地方, 会很好。

第十八课 计划

<1> 假期计划

学习目标: 能理解放假和制定旅行计划的内容。

词汇

벌다 挣, 赚　　취소하다 取消
연기하다 延期　　학원 学院
낮 白天　　쌓다 积累
케이티엑스(KTX) KTX, 韩国KTX高速列车
순서대로 按顺序　　계획대로 按计划
게으르다 懒　　도전하다 挑战

• **听一听**

1.
(1) 이번 주에 에릭 씨가 저녁 먹자고 하는데 무슨 요일이 좋아요?
这星期埃里克约一起吃晚饭, 星期几好呢?
(2) 우리 이번 방학에 부산에 갈까요? 여수에 갈까요?
我们这次放假去釜山呢? 去丽水呢?
(3) 하늘 씨, 이번 방학에 무슨 아르바이트를 할 계획이에요?
天空, 你这次放假打算做什么兼职?
(4) 저 도서관에 가고 싶은데 그냥 들어갈 수 있나요?
我想去图书馆, 可以直接进去吗?

2.
존: 유키 씨, 이제 방학인데 뭘 할 거예요? 다른 친구들은 무슨 계획이 있는지 알아요?
约翰 : 由希, 放假了你想做什么? 知道其他的朋友有什么计划吗?
유키: 저는 방학 동안 한국 요리를 배울 계획이에요. 오늘 요리 학원에 등록했어요. 리타오 씨는 어제 이미 고향에 돌아갔던데요. 고향에서 가족과 즐거운 시간을 보내고 있을 거예요. 노라 씨는 오늘 낮에 봤는데 도서관에 가던데요. 방학 동안 한국어를 더 공부할 계획이라고 해요. 주앙 씨는 돈도 벌고 경험도 쌓으려고 아르바이트를 할 거라고 하던데요. 내일부터 식당에서 일을 시작한다고 했어요.
由希 : 我打算在放假期间学习韩国料理。今天去烹饪学校报名了。 李涛昨天已经回老家了。 他应该会在家乡和家人一起度过愉快的时光。今天白天看见过诺拉, 她去图书馆了。 她说放假期间计划多学习韩语。 胡安为了赚钱和积累经验, 打算打工。说明天开始在饭店工作。

3~4.
에릭: 올리비아 씨, 경주를 여행해 본 적이 있어요?
埃里克 : 奥莉维亚, 你去过庆州旅行吗?
올리비아: 네, 지난 가을에 다녀왔어요. 케이티엑스(KTX)를 타고 다녀왔는데 빠르고 편하던데요. 역사 도시여서 구경거리도 많았어요.
奥莉维亚 : 是的, 去年秋天去过。坐KTX去了一趟, 非常快捷方便。因为是历史城市, 所以有很多值得看的东西。
에릭: 이번 휴가 때 경주에 다녀올까 해요. 미리 교통편과 호텔도 알아보려고요.
埃里克 : 我打算这次休假的时候去庆州。想提前查询交通和酒店。
올리비아: 아직 휴가까지 시간이 많이 남았는데 벌써 계획을 세우는 거예요?
奥莉维亚 : 现在离休假还剩很长时间, 你这么快就计划吗?
에릭: 저는 무슨 일이든지 미리 계획을 세워요. 계획을 세우고 순서대로 하면 마음이 급하지 않고 시간을 잘 쓸 수 있던데요.
埃里克 : 我不管什么事, 都会提前制定计划。制定计划并按顺序进行的话, 心不会急, 而且可以很好地利用时间。

5~7.
흐엉: 오랜만에 친구들과 함께 가는 여행이니까 계획을 세워서 많은 것을 해야겠어요. 제주도에 가서 뭐부터 할까요?
香 : 你隔了很久和朋友们一起去旅游, 所以应该要制定计划, 干很多事情吧。去济州岛先做什么呢?
주앙: 흐엉 씨는 무슨 일이든지 계획부터 세우는 것 같아요. 비행기 표와 호텔만 예약하고 가면 되지 않을까요? 여행은 계획 없이 가서 하고 싶은 것을 할 때 더 재미있던데요.
胡安 : 香, 你好像不管做什么, 都会先制定计划。只预约机票和酒店去不就行了吗? 旅游没有计划地去的时候, 做想做的事情的时候更有意思。
흐엉: 전 계획을 세우면 똑같은 시간에 더 많은 것을 할 수 있어서 좋던데요. 여행 가서 뭘 할지 생각할 시간에 조금 더 많은 경험을 해보는 것이 좋지요.
香 : 如果我制定计划的话, 能在同样的时间内做更多的事所以很不错。去旅行后, 在考虑做什么的时间里还可以多

体验一些经验，多好啊。

주앙: 그렇게 계획을 세웠다가 계획대로 안 되면 스트레스 받지 않아요? 그럴 때 저는 좀 피곤하던데요. 갑자기 하고 싶은 일이 있을 수도 있고 쉬고 싶을 때도 있으니까요.

胡安：那么制定了计划，如果按计划不能实现的话，不会有压力的吗？那个时候我有点累。因为会有突然想做的事情，也会有想休息的时候。

흐엉: 그럼 계획을 바꾸면 돼요. 그렇게 스트레스 받을 필요 없어요.

香：那么换计划就行。没必要那样有压力。

주앙: 그래요. 그럼 같이 여행 계획을 세워 봐요. 제주도 여행 사이트부터 한번 볼까요?

胡安：嗯，那么一起制定旅行计划吧。我们先来看一下济州岛旅行网站吧？

• 读一读

Q: 我是今年考上大学的新生。暑假到了，不知道该做些什么。我想听听前辈们的经验。漫长的假期间我做些什么好呢？

前辈1: 现在回想起来，1年级的暑假好像真的没有计划就度过了。什么都不做，真是懒透了。所以放假结束后什么都没剩。制定计划后，打工或在驾校学习驾驶怎么样？不管做什么事情，制定计划，然后先做重要的事情吧。赚点钱，积累下各种经验。应该会是一个印象很深的假期。

学长2: 一年级的时候不忙，所以不管做什么，做自己想做的事情怎么样？再过一段时间以后，放假的时候既要学习，还要做加入公司的准备，就算放假也没有一点休息时间。一年级暑假是最空闲的时间，所以制定旅行计划或挑战自己想做的事情怎么样？

<2> 毕业后的计划

学习目标：能理解关于毕业后的计划或未来结婚计划的内容。

词汇

결정하다 决定	유학하다 留学
출국하다 出国	사업을 하다 做生意
한 大概	정도 大概，左右
관계 关系	걱정이 되다 担心
증권사 证券公司	매주 每周，每星期

• 听一听

1.

(1) 다른 외국어도 할 수 있어요?
其它外语也会吗？

(2) 대학원 입학 서류는 다 준비 했어요?
研究生的入学材料都准备好了吗？

(3) 영국으로 언제 유학을 가세요?
什么时候去英国留学？

(4) 계획을 세우는데 시간이 얼마나 걸려요?
制定计划需要多长时间？

2.

(1) 리타오: 저는 이번 방학에 편의점에서 아르바이트를 하려고 해요.
李涛：我打算这次放假在便利店打工。
유키: 저는 리타오 씨가 고향에 돌아갈 줄 알았어요.
由希：我以为李涛你会回家乡。

(2) 레오: 노라 씨, 대학원 입학 준비는 잘 하고 있어요?
利欧：诺拉，你考研做好准备了吗？
노라: 저는 서류 준비하는 일은 쉬울 줄 알았어요. 그런데 생각보다 오래 걸리고 힘드네요.
诺拉：我以为准备材料是件容易的事。但是比想象中要花费的时间更长而且更累。

(3) 하늘: 존, 한국어 시험 잘 봤어? 많이 어려웠지?
天空：约翰，韩语考试考得好吗？很难吧？
존: 어려울 줄 알았는데 생각보다 쉬워서 잘 본 것 같아.
约翰：本以为会很难，但因为比想象的简单，所以好像考得还不错。

(4) 존: 윤아 씨가 내년에 졸업하고 유학을 간다고 하던데요.
约翰：听说允儿明年毕业后要去留学。
올리비아: 진짜요? 난 윤아 씨가 회사에서 일할 줄 알았는데요.
奥莉维亚：真的吗？我以为允儿会在公司工作呢。

3~4.

부장: 김우진 씨, 결혼 준비는 잘 하고 있어요?
部长：金宇振，你结婚准备得怎么样？

우진: 네(그냥 호칭에 대답하는 느낌), 부장님. 결혼식까지 두 달밖에 안 남았는데 어디에서 살지 아직 결정하지 못했습니다. 신혼여행도 어디로 갈지 아직 생각 중이에요.

宇振：是的(只是回答称呼的感觉)，部长。离婚礼只剩两个月了，我还没有决定住在哪里。新婚旅行去哪儿也还在考虑中。

부장: 할 일이 많으니까 마음이 급해지지요? 요즘 사람들은 계획표를 만들어서 준비하던데요. 우진 씨도 만들었나요? 두 달이나 남았으니까 너무 걱정하지 마세요.

部长：因为有很多事情要做，所以心急吧？最近人们都做计划表准备。宇振你也做了吗？还有两个月，别太担心了。

우진: 부장님, 감사합니다. 금방 준비 할 수 있을 줄 알았는데 생각보다 오래 걸리는 것 같아요. 저도 계획표부터 만들고 하나하나 끝내야겠습니다.

宇振：部长，谢谢。本以为马上就能准备好，但好像比想象中花费的时间更长。我也要制定计划表，一个一个去结束掉。

5~7.

존: 윤아야, 졸업하고 뭘 할 계획이야?
约翰：允儿，你打算毕业后做什么？

윤아: 아직 결정하지 못했어. 유학을 갈까 대학원에 들어갈까 회사에서 일할까 날마다 생각이 달라져. 존, 너는 무슨 계획이 있어?

允儿：我还没有决定。是去留学还是去读研呢？每天想法都会变。约翰，你有什么计划吗？

존: 나도 아직 모르겠어. 한국어를 더 공부하고도 싶고, 한국과 관계있는 일을 하고도 싶어. 나도 졸업이 1년밖에 안 남아서 걱정이 돼.

约翰：我也还不知道。 还想再学点韩语，也想做与韩国有关的事情。我也离毕业只剩一年了，很担心。

윤아: 그럼 대학원에서 한국어 공부를 더 하고 회사에서 일하면 어때?

允儿：那你在研究生院再多学习点儿韩语，去公司工作怎么样？

존: 그것도 좋은 생각이다. 그런데 참 시간이 빨리 가는 것 같아. 나는 한국에 혼자 유학 와서 외로우니까 시간이 천천히 갈 줄 알았어.

约翰：那也是好主意。不过时间过得真快，我以为一个人来到韩国留学后，因为很寂寞时间会过得很慢呢。

윤아: 시간 참 빠르지. 나도 앞으로 무엇을 할지 빨리 결정하고 계획을 세워야겠어.

允儿：时间过得是很快。我也要尽快决定以后要做什么，然后制定计划。

• **读一读**

离大学毕业还有一年左右的时间。但我还没有决定好未来要做些什么。因为现在想做的事情很多，所以还在考虑从什么做起。

我正在学习经济学，我想在银行或证券公司工作，既积累经验，同时多赚点钱。攒点钱休假的时候去各个国家旅游，似乎也不错。

但是也想在研究生院更详细地学习经济学。要想进入研究生院，既要努力学习，英语和韩语也都要更好。从去年开始，我每周都在与美国朋友进行语言交流。原本以为学习两种语言会很累，结果现在比想象的有意思。

最后，我有制作面包的兴趣，也有想去法国留学学习做面包的梦想。以后想回到家乡后，想开一家卖世界上最美味面包的面包店。
想做的事太多了，还没有决定要先做什么。以后打算逐一制定计划来做。

第十七课 - 第十八课　复习

第十七课 – 第十八课 词汇

성공하다 成功　　　항상 总是，经常

I.

利欧的韩国生活(㉮)

1. 努力学习韩语！

为了能韩国人一样能说好韩语，我会努力学习。如果以后想开设"法国料理教室"教韩国人法国料理，韩语就必须要说得很好。

2. 也努力练习做料理！

为了不忘记在法国餐厅做过的美味料理的方法，要努力练习。然后也为了能做好韩国料理，努力练习。如果只知道法国料理，在韩国就不可能成功！

3. 一直和家人在一起！

人们觉得只要成功的话，家人也会变得幸福。但是我的成功和家人的幸福是不一样的。为了家人的幸福，什么事都要和家人一起，兴趣生活也要一起享受。

哪怕很累，我也要遵守这个(㉮)~!!

II.

유키: 흐엉 씨, 취미가 뭐예요?

由希：香，你的兴趣爱好是什么？

흐엉: 저는 영화 보는 걸 좋아해요. 영화 보는 것만큼 요리하는 것도 좋아하고요. 유키 씨는요?

香：我喜欢看电影。和看电影一样，还喜欢做菜。由希你呢？

유키: 저도 요리를 좋아해요. 그래서 한국 요리를 배워 보려고 하는데 흐엉 씨는 한국 요리를 할 줄 알아요?

由希：我也喜欢料理。所以想学习韩国料理，香，你会做韩国料理吗？

흐엉: 아니요, 저는 베트남 요리밖에 안 해 봤어요. 레오 씨가 요리사라서 한국 요리도 잘 하던데요.

香：不，我只做过越南料理。利欧是厨师，所以韩国料理也做得很好。

유키: 그래요? 레오 씨는 프랑스 요리사여서 프랑스 요리만 잘 하는 줄 알았어요.

由希：是吗？利欧是法国厨师，所以以为他只擅长法国料理。

흐엉: 전에 레오 씨가 요리를 배우고 싶으면 언제든지 부탁하라고 했어요. 레오 씨한테 부탁해 보세요.

香：之前利欧说过想学料理的话，可以随时找他帮忙。你可以找利欧帮忙看看。

유키: 오후에 레스토랑에서 일한다고 들었는데 바쁘지 않을까요?

由希：听说他下午在餐厅工作，不忙吗？

흐엉: 바빠도 도와줄 거예요. 레오 씨는 한국말로 요리 가르쳐 주는 걸 좋아하던데요. 나중에 한국 사람들에게 프랑스 요리를 가르쳐 주려고 한국말로 요리 가르치는 걸 연습하고 있어요.

香：即使忙也会帮忙的。利欧喜欢用韩语教烹饪。他以后想教韩国人法国料理。所以正在练习用韩语教料理。

韩国的文化：韩国的票房电影

我认为在韩国如果电影观众超过1000万名的话，就可以说是票房很高了。到2017年为止，观众数超过1000万名的电影共有15部。票房成功的电影中以历史事件为背景的电影最多(《鸣梁》、《暗杀》、《太极旗飘扬》等)。还有家人之间的感情(《7号房的礼物》、《海云台》等)或社会问题(《老手》、《出租车司机》等)的电影也很多。

第十九课 旅行

<1> 预订酒店

学习目标: 能理解预约和描述住宿设施的内容。

词汇

주변 周围	여행지 观光地
여행 기간 旅行期间	-박 -일 -天-夜
숙박 시설 住宿设施	교통편 交通工具
회비 会费	바비큐 烧烤
이용하다 利用	전망 展望
해변 海边	요금 费
여행 일정 旅行日程	체크인 登记入住
체크아웃 退房	프런트 前台
렌터카 租车	기념품 纪念品

• **听一听**

1.

가: 우리 동아리 여름 여행이 8월로 결정됐어.
甲: 我们社团的夏季旅行定在了8月。

나: 그래? 며칠이나 가?
乙: 是吗? 去几天?

가: 1박 2일로 갈 거야.
甲: 去2天1夜。

나: 동아리 사람들은 몇 명이나 간다고 해?
乙: 社团的人里几个人说去?

가: 스무 명쯤 간다고 했어.
甲: 大约20个人左右说去。

나: 그럼 방은 몇 개나 필요할까?
乙: 那需要几个房间呢?

가: 4명이 한 방에 자면 될 것 같은데. 5개 예약하려고 해.
甲: 四个人住一个房间就可以, 我打算预约5个。

나: 회비는 얼마나 준비해야 돼?
乙: 会费得准备多少?

가: 한 사람이 한 5만원 정도 내면 될 것 같아.
甲: 每人大约5万韩元左右应该就差不多了。

2.

방학에 여행을 갈 생각을 하시는 분들이 많지요? 여행을 떠나기 전에 계획을 잘 세워 보세요. 즐겁고 편한 여행이 될 거예요. 우선 여행할 곳을 결정한 뒤에 얼마 동안 여행할지 생각해 보세요. 기간을 결정한 뒤에 숙박 시설을 알아보세요. 숙박 시설을 고른 뒤에는 교통편을 결정하세요. 그런데 저는 숙박 시설과 교통편을 알아보기 전에 인터넷에서 사람들이 쓴 글을 많이 읽어 봐요. 호텔이나 기차, 버스를 결정할 때 도움이 되니까요.

放假想去旅行的人很多吧? 去旅行之前, 请制定好计划。会成为愉快又舒适的旅行。先决定旅行的地方, 然后考虑一下旅行多久。确定时期后, 请查询住宿设施。挑选住宿设施后, 再决定交通工具。但是, 在了解住宿设施和交通工具之前, 我会先在网上读很多人们写的文章。因为在决定酒店或火车、公共汽车时会有帮助。

3~4.

직원: 네, 바다 펜션입니다.
职员: 喂, 这里是大海民宿。

윤아: 다음 주 금요일에 예약한 이윤아라고 하는데요, 예약이 잘 되었는지 확인을 좀 하려고요.
允儿: 我叫李允儿, 预约了下周五的民宿, 我想确认一下预约是否成功。

직원: 네, 이윤아 고객님. 금요일 1박, 방 두 개 예약하셨네요. 그리고 저녁에 바비큐도 예약하셨는데 고기는 몇 인분이나 준비해 드릴까요?
职员: 是的, 李允儿顾客。您预约了星期五一晚, 还有两个房间。另外还预定了烧烤, 肉为您准备几人份呢?

윤아: 4인분 준비해 주세요. 그런데 저녁에 바비큐를 한 뒤에 수영장을 이용할 수 있나요?
允儿: 请帮忙准备四人份吧。晚上烧烤后能使用游泳池吗?

직원: 죄송합니다만 수영장 이용은 저녁 8시까지입니다.
职员: 不好意思, 游泳池使用时间是到晚上8点为止。

5~7.

존: 그럼 우리 3박 4일로 결정한 거지? 이제 숙박할 곳을 알아보자. 하늘이 너는 어디가 좋아?
约翰: 我们是决定的4天3夜对吧? 现在让我们来打听一下住宿的地方吧。天空, 你喜欢哪儿?

하늘: 전에 내가 가족들하고 갔던 호텔이 있는데 전망도 좋은 데다가 해변이 가까워서 좋았어.
天空: 之前我和家人一起去的酒店, 景观很好, 而且离海边很近, 所以很喜欢。

존: 그래? 그럼 그 호텔 이름을 좀 알려 줘. 요금은 얼마나 할까? 한번 검색해 보자. (잠시 후) 음, 요금이 너무 비싸다.
约翰: 是吗? 那么把那家酒店的名字告诉我吧。费用是多少呢? 来搜索一下。(过了一会儿)嗯...太贵了。

하늘: 그래? 이렇게 비쌀 줄 몰랐는데. 그럼 게스트 하우스는 어때? 여행 갔다 온 친구가 좋다고 하던데. 게스트 하우스는 값도 싸고 여행을 온 다른 사람들도 사귈 수 있어서 좋다고 해.
天空: 是吗? 没想到这么贵。那青年旅社怎么样?听去过旅游的朋友都说很好。青年旅社不仅价格便宜, 而且可以结交其他来旅行的人们所以很好。

존: 그럼 괜찮은 게스트 하우스가 있는지 좀 찾아보자. 잘 곳을 결정한 뒤에 기차표도 예매해야 돼.
约翰: 那我们来看看有没有不错的青年旅社吧。确定好地方后, 还要预订火车票。

• **读一读**

hotels.net

济州岛 @ 登记入住 20**/8/12
退房 20**/8/13 1晚 搜索

济州Y酒店
价格: 178000韩元起
入住时间: 14:00~23:00, 退房时间: 11:00
互联网: 免费wifi
用餐: 酒店里有3个餐厅, 1个咖啡厅.
设施: 可以24小时使用游泳场。提前申请时, 可以借用会议室。
服务：在前台提供旅游或租赁服务，还有洗衣和免费报纸服务。

rie_90 从机场找到酒店很容易。从酒店到旅游地也都可以很容易去。虽然由于建筑物陈旧并不是很满意，但是由于酒店前海滩非常漂亮，所以经常出去散步了。
ys1223 适合和孩子一起住的地方。游泳池很大，孩子们非常喜欢。但是游泳场的水太凉了，所以这点不怎么好。
jejusarang 我打算想借一辆租车，职员们亲切地给我做了介绍。还告诉我可以购买纪念品的地方，真的非常感谢。下次也会去Y酒店！

如果想看别的饭店请点击这里！

<2> 想去旅行的地方

学习目标：能理解分享旅游地的信息和推荐值得旅行的地方的内容。

词汇

수학여행 修学旅行	단체 관광 团队旅游
해외여행 海外旅行	유물 遗物
가이드 导游	오페라하우스 歌剧院旅馆
국립 国立	전주 全州
한옥 마을 韩屋村	볼거리 值得看的东西
먹을거리 吃的	교통수단 交通工具
야경 夜景	마을 村庄
편안하다 舒适	항공권 机票

• **听一听**

1.

(1) 부산에 가자마자 바닷가에 갈 거예요.
一到釜山就会去海边。

(2) 제주 공항에 도착하자마자 차를 빌리려고 합니다.
一到济州机场，我就打算借车。

(3) 시내 관광이 끝나자마자 맛있는 식당에 찾아갈 거예요.
结束市内观光后，我马上会去好吃的饭店。

(4) 신혼여행에서 돌아오자마자 회사에 갔어요.
新婚旅行回来后，立刻去了公司。

2.

윤아: 주앙 씨, 방학이 되면 뭘 할 거예요?
允儿：胡安，放假后你会做什么？

주앙: 친구들과 같이 여행을 갈 거예요. 유명한 관광지를 구경하기로 했어요. 호텔에서 쉬는 것도 좋지만 관광이 더 재미있잖아요. 또 우리가 가는 곳에는 유적지가 많다고 해요. 박물관에도 여러 유물이 있지만 우리는 밖에 있는 유적지를 보러 다니기로 했어요.
胡安：我会和朋友一起去旅游。我们约好了去参观著名的旅游景点。在酒店休息固然好，但是旅游更有意思。并且我们去的地方有很多遗址。博物馆里也有很多文物，但是我们决定去看外面的遗址。

윤아: 숙박 시설과 교통편도 결정했어요?
允儿：住宿设施和交通工具你也决定了吗？

주앙: 네, 처음에는 호텔에서 자려고 했는데 친구가 좋은 민박을 안다고 했어요. 그래서 거기에 가기로 했어요. 여행지까지 기차나 버스로 갈 수 있는데 우리는 기차를 타기로 했어요.
胡安：是的，刚开始想住在酒店，但是朋友说他知道不错的民宿，所以决定去那里。我们可以坐火车或公交车到达观光地，我们决定坐火车去。

3~4.

유키: 올리비아 씨, 저 다음 달에 가족들하고 호주 시드니에 여행을 가기로 했는데 제 여행 일정을 좀 봐 줄래요?
由希：奥莉维亚，我下个月打算和家人们一起去澳大利亚悉尼旅游，你能帮我看看我的旅行日程吗？

올리비아: 어디 봐요, 유키 씨. 아, 도착하자마자 오페라 하우스에 가기로 했네요. 거기에 가면 꼭 바다를 보면서 커피를 한 잔 드세요. 정말 분위기가 좋아요. 음.. 가족들이 박물관이나 미술관을 좋아하면 이날 가도 좋을 것 같은데...
奥莉维亚：由希，我看看啊。啊，一到那里就马上去歌剧院啊。去那里的话一定要看着大海喝一杯咖啡。气氛真的非常好。嗯...如果家人喜欢博物馆或美术馆的话，这一天去的话也可以...

유키: 그래요? 저희 부모님께서 그림을 좋아하시니까 미술관에 가야겠네요.
由希：是吗？因为我的父母很喜欢画，看来我们应该去一下美术馆。

올리비아: 그리고 국립 공원에 가기로 한 것도 정말 좋은 생각이에요. 아주 큰 데다가 신기한 나무와 동물을 볼 수 있어서 사람들이 좋아해요.
奥莉维亚：还有计划去国立公园也是个很好的想法。那里不仅很大，而且可以看到神奇的树木和动物，所以人们很喜欢。

5~7.

레오: 리타오 씨, 주말에 뭐 해요?
利欧：李涛，你周末干什么？

리타오: 여행을 가기로 했어요. 친구가 전주에 같이 가자고 하는데 거기가 한국 학생들이 수학여행을 많이 가는 도시지요?
李涛：我约好了去旅行。朋友约我一起去全州，那里是韩国学生经常去修学旅行的城市吧？

레오: 아니요, 수학여행을 많이 가는 곳은 경주예요. 유적지가 많아서 역사 공부를 하기 좋은 곳이요.
利欧：不，经常去修学旅行的地方是庆州。因为遗址很多，所以是学习历史的好地方。

리타오: 아, 경주. 발음이 비슷해서 몰랐어요. 그럼 전주에서는 뭘 할 수 있어요?
李涛：啊，庆州。发音很相似，所以不知道。那么，在全州能做什么呢？

레오: 저는 작년에 전주에 가서 한옥 마을을 구경했는데 정말 재미있던데요. 리타오 씨도 좋아할 것 같은데.
利欧：去年我去全州逛了韩屋村，真的很有意思。李涛你也应该会喜欢。

리타오: 한옥 마을이요?
李涛：韩屋村吗？

레오: 네, 한옥 마을에 가면 한국의 옛날 집을 많이 볼 수 있어요. 볼 거리도 많고 먹을거리도 많으니까 천천히 걸으면서 한옥 마을을 구경해 보세요. 사진도 많이 찍으시고요.
利欧：是的，去韩屋村的话，可以看到很多韩国以前古代的房子。有很多值得一看的地方，美食也很多，所以边走边看看韩屋村吧。也多拍些照片。

리타오: 그래요? 그럼 오늘 수업이 끝나자마자 친구를 만나서 여행 계획을 세워야겠어요. 고마워요, 레오 씨.
李涛：是吗？那看来今天一放学就要和朋友见面制定一下旅行计划。谢谢你，利欧。

• 读一读

决定下个月休假去旅行的人应该很多。应该也有一看到今年日历就预订机票的人。还没有计划好的人，也不要太担心。因为还为时不晚，从现在开始了解就行。今天我们将介绍3处适合这次假期的海外旅行地。

1.香港
喜欢去华丽的城市旅行的人请到香港看看。因为那里有很多值得看的东西，而且交通工具很多样，所以非常方便。可以品尝到各种美食，购物也方便。特别是香港的夜景，就像一个电影的场面。

2. 日本福冈
去附近的地方海外旅行的话，去日本福冈比较好。从仁川机场只需要1小时20分钟左右。因为是韩国人经常去的旅游胜地，所以旅行也很方便。福冈市附近有很多有温泉的乡村，可以享受到清新的空气和美丽的风景，所以一定要去看看。

3. 印度尼西亚巴厘岛
您想要一个既可以旅游，同时又可以舒适休息的地方吗？那么巴厘岛怎么样？可以去能看到巴厘岛古老文化的旅游景点，也可以一边休息一边什么都不做。不贵而且很豪华的酒店很多，另外在海上可以做的运动也很多。

第二十课 天气和生活

<1> 天气预报

学习目标：能理解与天气预报和各种天气相关的内容。

词汇

태풍 台风	강하다 强劲
습하다 潮湿	개다 晴
그치다 停	끼다 笼罩
불다 刮	목도리 围巾
안개 雾	비구름 雨云
기온 气温	겉 表面
나들이 出游	차이 差异
최고 最高	최저 最低
평년 常年	영하 零下
영상 零上	도 度
일기예보 天气预报	외출하다 外出

• 听一听

1.

(1) 남: 바람이 강하게 부니까 그냥 가지 말고 장갑이나 목도리를 하고 나가.
男：风很大，不要直接去，戴上手套或围巾再出去吧。
여: 네. 장갑을 끼고 나갈게요. 걱정하지 마세요.
女：嗯，我戴着手套出去。请不要担心。

(2) 남: 오늘은 도서관에서 공부할까?
男：今天去图书馆学习吗？
여: 오랜만에 날씨가 좋으니까 도서관에 가지 말고 한강에 놀러 가자.
女：好久没有这么好的天气了，不要去图书馆，去汉江玩吧。

(3) 남: 날씨가 더우니까 걸어가지 말고 택시를 탑시다.
男：天气很热，不要走着去，坐出租车吧。
여: 에이. 가까우니까 그냥 걸어가요.
女：哎呀…很近，就这样走着去吧…

(4) 남: 밖에 비가 많이 오니까 오늘은 나가지 말고 집에서 쉴까?
男：外面雨下得很大，今天不要出门，在家休息吧？
여: 비가 와도 나가자. 꼭 사야 하는 물건이 있어.
女：下雨也出去吧。有东西一定要买。

2.

(1) 가: 내일은 바람이 많이 분다고 하니까 나갈 때 옷 좀 따뜻하게 입고 가.
甲：听说明天风很大，出去的时候穿得暖和点再走吧。
나: 응. 그래도 눈은 안 온다고 하니까 다행이네.
乙：嗯…但是说是不下雪，真是万幸啊。

(2) 가: 모레 친구들과 놀러가기로 했는데 비가 오면 어떻게 하지요?
甲：后天约了朋友出去玩，下雨的话怎么办？
나: 모레는 날씨가 맑다고 하니까 걱정하지 마세요.
乙：后天说天气晴朗，所以不用担心。

(3) 가: 다음 주에 비가 많이 온다고 하니까 여행을 취소하자
甲：下周说要下大雨，我们取消旅游吧。
나: 글쎄..... 비가 얼마나 올지 모르니까 조금 기다려 보자.
乙：嗯…不知道会下多大的雨，再等等看吧。

(4) 가: 내일은 평소보다 안개가 심하게 낀다고 하니까 운전 조심해.
甲：听说明天雾会比平时严重，开车要小心。
나: 네. 조심해서 운전할게요.
乙：嗯，我会小心开车的。

3~4.

윤아: 존! 휴대 전화로 뭘 그렇게 열심히 찾아 봐?
允儿：约翰！你用手机找什么这么认真？

존: 윤아야! 혹시 내일 날씨를 어디서 보는 지 알아? 내일 친구들과 등산을 가기로 해서 날씨를 확인하려고 하는데 못 찾겠어.

约翰：允儿! 你知道明天的天气在哪里看吗？因为明天约了和朋友们一起去爬山，所以想确认一下天气，但是找不到。

윤아: 잠깐만. 내가 도와줄게. 내일 눈이 많이 온다고 하니까 등산은 하지 말고 다른 것을 하는 게 어때? 눈이 올 때 등산을 하면 큰 사고가 날 수도 있어.

允儿：稍等，我来帮你。听说明天会下很大的雪，所以别去登山了，做点别的怎么样？下雪的时候登山的话会出大事故的。

존: 그래 맞아. 친구들에게 등산하러 가지 말고 영화나 보자고 이야기해야겠어.

约翰：嗯，没错。我要跟朋友们说不要去爬山，去看电影。

5~7.

금요일인 오늘은 아침부터 하늘이 흐린데요. 저녁부터는 비가 내리겠습니다. 비구름이 남쪽으로 내려오면서 서울에는 비가 많이 내린다고 하니까 잊지 말고 우산을 준비하셔야겠습니다. 하지만 비가 그치는 내일 오후부터는 기온이 조금씩 내려가면서 주말동안에는 맑은 날씨가 계속되겠습니다. 놀러 가실 분들은 이번 주말에 가족들과 나들이를 가셔도 되겠습니다. 주말 낮에는 따뜻하지만 아침에는 조금 쌀쌀하니까 얇은 옷만 입지 말고 겉옷도 준비해서 나가는 것이 좋을 것 같습니다. 아침과 낮의 기온이 차이가 크니까 감기 조심하십시오. 지금까지 날씨였습니다.

星期五今天从早晨开始阴天。晚上开始下雨。雨云南下后，首尔雨会下得很大，所以请别忘了要准备雨伞。不过从明天下午开始雨会停，气温会逐渐下降，周末将持续晴朗的天气。要出去玩的人们，这个周末可以和家人一起出去玩。虽然周末白天很暖和，但是早上有点凉，所以不要只穿薄的衣服，最好还是准备好外装出门。早晨和白天的气温差异较大，所以请注意感冒。以上是天气预报。

• **读一读**

期待已久的春节长假从今天开始。
我来介绍一下这次休假期间的首尔天气。
这次春节长假的气温和往年差不多或稍微低一些。
假期开始的第一天27日，由于从北部南下的雨云，天气变冷，然后开始下雪。雪预计会下1~3mm左右。早晨的最低气温和白天的最高气温分别为零下3度和零上1度。
明天28日气温将稍微升高，雪会变成雨。因为雨会下得很大，所以早上出门的时候请别忘了带伞。雨大约会下6mm左右。明天早晨的最低气温和白天的最高气温为0度和零上4度。
假期最后一天29日，停止下雨后，气温会下降很多。由于气温下降，风刮得也很大，所以外出时请务必穿暖和的衣服。虽然后天早晨的最低气温和白天的最高气温为零下4度和零上2度，但是由于刮风所以会更冷。长假期间很多地方都会下雪和下雨，所以请不要直接外出，最好是确认天气预报后再外出。祝大家度过愉快的假期。

<2> 天气与生活

学习目标：能理解天气和根据天气而传达的注意事项的内容。

词汇

미세먼지 微尘	환기 换气
마스크 口罩	장화 长靴
비옷 雨衣	선글라스 墨镜
선크림 防晒霜	실내 市内
여의도 공원 汝矣岛公园	불국사 佛国寺
석굴암 石窟庵	방송 广播
짜증나다 发脾气	공기 청정기 空气净化器
창문 窗户	땀 汗
흘리다 流	목이 마르다 口渴
바깥 外面	

• **听一听**

1.

(1) 남: 내일은 날씨가 추울 테니까 옷을 따뜻하게 입으세요.
男：明天天气会变冷，请穿得暖和点。
여: 네. 알려 줘서 고마워요.
女：好，谢谢你告诉我。

(2) 남: 날씨가 좋은데 여의도공원에 놀러 갈까?
男：天气很好，去汝矣岛公园玩怎么样？
여: 좋아. 내가 도시락을 준비할 테니까 너는 음료수를 가지고 와.
女：好啊，我来准备盒饭，你带饮料来吧。

(3) 남: 미세먼지가 없다고 하니까 빨래도 하고 청소도 하자.
男：听说没有微尘，所以一起洗衣服还有打扫卫生吧。
여: 내가 청소를 할 테니까 빨래는 네가 해.
女：我来打扫，衣服你来洗。

(4) 남: 우산이 없는데 밖에 비가 많이 오네요.
男：我没有雨伞，外面雨下得很大。
여: 제가 빌려드릴 테니까 쓰고 가세요.
女：我借给你，你撑着走吧。

2.

내일 친구와 케이티엑스(KTX)를 타고 경주 여행을 가기로 했습니다. 여행을 가서 불국사와 석굴암을 구경하기로 했습니다. 그런데 일기예보를 보니까 내일 비가 많이 온다고 합니다. 하지만 우리는 미리 호텔을 예약했기 때문에 취소할 수 없습니다. 그래서 저는 비가 많이 와도 쓸 수 있는 큰 우산과 장화를 샀습니다. 그리고 친구는 비옷을 샀습니다. 우산과 비옷이 있으니까 비가 많이 와도 재미있게 여행을 할 수 있을 것 같습니다.

我明天约了和朋友乘KTX去庆州旅行。约好了去参观佛国寺和石窟庵。可是看天气预报说明天雨会下得很大。但我们提前预订了酒店，不能取消。于是我买了雨伞和靴子，即使下大雨也能用。然后朋友买了雨衣。因为有雨伞和雨具，所以即使下再大的雨，我们也应该可以愉快地旅行。

3~4.

아침 7시부터 9시까지 여러분의 출근길을 함께 하는 라디오 '아름다운 아침'의 아나운서 강진아입니다. 지금 밖에는 첫눈이 내리고 있는데요. 첫눈이 내려서 기분 좋으시죠? 하지만 출근길이 불편해서 짜증이 나신 분들도 있을 것 같은데요. 그런 분들을 위해 첫눈 오는 날 듣기 좋은 노래를 하나 들려 드릴 테니까 기분 좋게 출근하세요. 그러면 저는 노래 듣고 다시 돌아오겠습니다.

早上7点到9点，我是与大家一起上班的《美丽的早晨》广播的主播姜真雅。现在外面下着第一场雪。因为下了第一场雪所以心情很好吧？但是因为上班路上不方便，所以可能也会有讨厌的人。为了那些人，在下初雪的日子里，我给大家听一首好听的歌曲，祝您开心地上班。那我听完歌后再回来。

5~7.

에릭: 우진씨 ! 오늘 오후부터 비가 올 것 같아요. 아침부터 하늘이 흐리네요.

埃里克：宇振！从今天下午开始好像要下雨，一大早天就阴了。

우진: 제가 일기 예보를 봤는데 바람은 좀 불지만 비가 온다는 말은 없었어요. 서울에 미세 먼지가 많다고 했는데 그것 때문인 것 같아요.

宇振：我看了天气预报，虽然有点风，但是没听说要下雨。听说首尔有很多雾霾，可能是因为这个原因。

에릭: 아! 그래서 하늘이 흐리군요. 저는 비가 오는 줄 알았어요. 미세 먼지가 많으니까 오늘은 실내에만 있어야겠어요.

埃里克：啊！所以天阴了。我以为要下雨。因为有很多雾霾，所以今天只能在室内呆着了。

우진: 그런데 이따가 손님을 만나러 잠깐 나갔다가 와야 해요. 그러니까 나갈 때는 마스크를 꼭 쓰고 나갑시다.

宇振：但是等一会儿要出去见一下客人。所以我们出去的时候一定要带上口罩。

에릭: 네. 그래요. 오늘 미세 먼지가 많다고 하니까 사무실의 공기 청정기 좀 켤까요?

埃里克：嗯，好的。今天说是有很多雾霾，要不要开一下办公室的空气净化器呢？

우진: 네. 제가 공기청정기를 켤 테니까 에릭 씨는 창문을 잘 닫았는지 확인해 주세요.

宇振：好的，我来开空气净化器，埃里克请你确认一下窗户是否关好。

• **读一读**

今年夏天会比去年夏天更热，所以要管理好健康。那么我来告诉大家如何才能健康地度过夏天。

① 多喝水
在夏天，因为流汗比平时多，所以很容易疲劳。因此夏天每当渴的时候，就要多喝水。吃水果或蔬菜也对健康有益。
② 外出时穿亮色而舒适的衣服
出门时如果穿深色衣服或贴身的衣服的话，就会出很多汗。所以最好穿方便穿脱的亮色衣服。
③ 白天不出门
白天12点到下午5点是最热的时间。所以这段时间最好不要外出，而是呆在室内。必须要出门的时候，最好涂抹防晒霜，戴上帽子。
④ 小心饮食
在炎热的天气里，很容易消化不良和腹泻，所以不能多吃冷的食物。夏天要把食物放在冰箱里。另外，在吃冰箱里的食物之前，最好先确认一下。像汤类的食物需煮沸后食用。

希望大家都度过健康的夏天。

第十九课 - 第二十课　复习

第十九课 – 第二十课　词汇

싱가포르 新加坡　　워터파크 水上乐园
물놀이 玩水　　서로 互相
동물 动物　　동물원 动物园

I.

에릭: 윤아 씨는 이번 여름 방학에 뭘 할 거예요?

埃里克：允儿你这次暑假打算做什么？

윤아: 가족들과 싱가포르로 여행을 가기로 했어요.

允儿：我和家人一起约了去新加坡旅行。

에릭: 그래요? 저는 작년 겨울에 싱가포르에 다녀왔어요. 그런데 며칠이나 있을 거예요?

埃里克：是吗？我去年冬天去过新加坡。你要呆几天？

윤아: 나흘 정도 있을 생각인데 지금 가족들과 여행 일정을 얘기하는 중이에요,

允儿：我想待四天左右，现在在和家人们一起讨论旅行日程。

에릭: 싱가포르는 여름에 기온이 높고 습할 테니까 낮에는 밖에 오랫동안 다니지 말고 저녁에 다니는 게 좋을 것 같아요. 저는 낮에 워터파크에서 물놀이를 했는데 시원한 데에 들어가서 쇼핑을 하는 것도 좋다고 하니까 생각해 보세요.

埃里克：新加坡夏天气温高而且潮湿，所以白天不要在外面待太久，最好在晚上出门。我白天在水上公园玩水了，或者去凉爽的地方购物也不错，你可以考虑一下。

윤아: 네, 워터파크와 쇼핑 모두 재미있겠는데요. 알려 줘서 고마워요.

允儿：嗯，水上公园和购物都应该很有意思，谢谢你告诉我。

II.

7月12日 星期四 天气晴
新加坡旅行的第2天，虽然又热又潮湿，但并不像想象的那么严重，所以在很舒服的旅游。但是阳光真的很强，今天早上我和妈妈擦了厚防晒霜，然后从酒店出去。脸变得非常白，我们互相看了对方的脸，笑了好久。但还是觉得这样做很对。弟弟没有墨镜，所以今天一去百货商店就买了。是埃里克告诉的地方，购物方便，美食店也很多，非常好。爸妈说今天吃的食物都很合口味，旅行前打听的餐厅都很成功！

购物后去了"夜游野生动物园"。因为我们全家都喜欢动物，所以是从去旅行之前就决定了一定要去的地方。因为晚上有点黑，所以不能拍动物的照片，但是觉得很神奇而且很有意思。晚上很晚才回到酒店，酒店房间有点小。在预约的网站上看的时候以为房间会更大。
听说明天天气也不错，应该可以愉快地玩。明天打算不要光购物，还要多和家人一起拍照和聊天。

韩国的文化：生活指数

生活指数是用数字表示天气对我们生活的影响程度。和天气预报一起看生活指数的话，我们的生活会更方便。有不适指数、紫外线指数、食物中毒指数、洗车指数等等。例如，不适指数是根据气温和湿度来说明人心情的好坏。在气温较高的夏季，如果湿度较高，不适指数就会随之上升，容易使人厌烦。